# Fluir

## Cómo superar el *burnout* y los bloqueos

Colección «El Pozo de Siquem»

319

Anselm Grün

# Fluir

## Cómo superar el *burnout* y los bloqueos

SAL TERRAE
Santander – 2013

Título del original alemán:

*Kraftvolle Visionen gegen Burnout und Blockaden.*
*Den Flow beflügeln*

Edited by Rudolf Walter



*Traducción*:
Isidro Arias Pérez


Polígono de Raos, Parcela 14-I
39600 Maliaño (Cantabria)
Tfno.: 942 369 198 / Fax: 942 369 201
salterrae@salterrae.es / www.salterrae.es

*Imprimatur:*
✠ Vicente Jiménez Zamora
Obispo de Santander
11-06-2013

*Diseño de cubierta:*
María Pérez-Aguilera
www.mariaperezaguilera.es



*Impreso en España. Printed in Spain*
ISBN: 978-84-293-2076-3
Depósito Legal: SA-292-2013

Impresión y encuadernación:
Grafo, S.A. – Basauri (Vizcaya)
www.grafo.es

# ÍNDICE

# Introducción

## *Todo fluye*

CUANDO hoy hablamos de «fluir» –en español este concepto se traduce a veces también con términos como flujo, curso, o corriente–, a todos nos suena seguramente como muy moderno. De hecho, es una idea que últimamente ha sido bien acogida no solo en psicología, sino también en el lenguaje coloquial, para describir condiciones positivas de la acción creativa y del progreso en una determinada actividad. Decir que algo «fluye» es casi lo contrario de agotamiento y sobrecarga, de estar bloqueado y «quemado»: al fluir, el sujeto de la acción está consigo mismo, pero a la vez –y de forma excepcionalmente intensa– con el asunto del que se ocupa, que precisamente por ello sale de sus manos sin apenas esfuerzo. Es esta una condición que hoy desean para sí muchas de las personas que se han incorporado al exigente y complicado mundo laboral. En cualquier caso, la idea subyacente a esta experiencia es muy antigua. Por muy modernas que puedan parecernos y por muy adecuadamente que describan algunos de los problemas de nuestro mundo laboral, tanto la idea como la representación subyacente remiten a visiones de la realidad, de la vida misma y de la naturaleza del ser humano que fueron formuladas muy tempranamente por grandes maestros de sabiduría.

«Todo fluye», dice Heráclito el «Oscuro», filósofo griego (probablemente 544-480 a.C.). Que todo se mueve y fluye y que nada, por tanto, es constante y fijo, es el fundamento de su filosofía. El ser está en movimiento. Y únicamente el ser humano que ha comprendido este fenómeno vive de acuerdo con su ser.

Mucho tiempo antes de Heráclito, el gran maestro chino de sabiduría Lao-tse había hablado del eterno fluir. Más concretamente, habla de la fuente originaria de la vida, «que incansablemente brota de sí misma» (Backofen, 16). La tarea del hombre es dejar que esta fuente originaria fluya en él. Sin embargo, para poder experimentar y percibir este fluir, el hombre necesita haber alcanzado la actitud del desprendimiento de sí mismo o, como dice el propio Lao-tse, permanecer en silencio. «Quien no puede permanecer en silencio se agota» (*Ibid.*, 15). Quien se aferra a sí mismo, quien –por decirlo con el lenguaje del Maestro Eckhart– no se libera de sí mismo y en quien, por lo tanto, el yo no está en silencio, no tarda en sentirse agotado. Por el contrario, en quien se ha desprendido de sí mismo fluye a raudales la fuente originaria de la vida: «¿No debe entenderse que únicamente quien se ha desprendido de sí mismo alcanza la plenitud?» (*Ibid.*, 16).

### *Punto de vista de un psicólogo moderno*

Lo que Heráclito y Lao-Tse trataron de explicar a sus contemporáneos hace ya más de 2.500 años lo ha redescubierto en nuestros días, en el contexto de nuestra realidad vital, el psicólogo húngaro Mihaly Csikszentmihalyi. Según él, al fluir, el hombre experimenta una sensación de felicidad. Es más, el individuo solo puede disfrutar del trabajo cuando la energía fluye a través de él. Lógicamente, el psicólogo considera que sería sin duda negativo para él quedar anclado en este reconocimiento. No le gustaría firmar o ser conocido como «don Flujo». De ahí que en la entrevista que mantuvo con Ingeborg Szöllösi prefiriese hablar de «danza –o baile– de la vida». Y afirma en dicha entrevista que no debemos quedarnos inmóviles en el centro de la pista, sino abandonarnos a la danza alrededor del centro. Tras la Segunda Guerra Mundial, Csikszentmihalyi, todavía joven, huyó de Hungría a Italia, donde ejerció diversos oficios. Ya entonces se preguntaba a menudo: «¿Cómo pueden las personas vivir su vida con mayor alegría y pasión? ¿Cómo pueden ser más eficaces y creativas en su trabajo, sin dejarse encerrar en la férrea jaula de una profesión determinada y sus exigencias?»

Las respuestas que él encontró a estas preguntas nos ayudan también a nosotros cuando reflexionamos sobre la manera de tratar y hacer frente a nuestras cargas actuales.

Para el psicólogo húngaro, «fluir» no es ninguna palabra mágica. El fluir se produce siempre que el ser humano ejecuta de buena gana, con entrega y atención, su trabajo. Todo marcha entonces de manera espontánea. Así lo observó él mismo en el caso de una anciana campesina italiana que había aceptado gustosamente su trabajo, porque en él se sentía acompañada por toda la naturaleza. Así pues, el «fluir» no significa para Csikszentmihalyi una determinada técnica psíquica ni un método de trabajo, sino un principio vital, una situación o estado que puede alcanzar la persona y que se describe como una especie de movimiento sin esfuerzo en una corriente de energía. En primer lugar, se trata de entregarse uno mismo y centrar la propia atención precisamente en aquello que uno tiene entre manos. Siempre que yo me entrego con toda mi atención a lo que estoy haciendo, fluye en mí la energía. Me consagro plenamente a lo que hago y, por tanto, experimento una libertad creadora. El psicólogo describe esta situación de la siguiente manera: «El ego desparece, el tiempo vuela. Cada acción, cada movimiento y todos nuestros pensamientos son resultado de los que les anteceden». En semejante estado, las personas se olvidan del cansancio e incluso del hambre, pierden de vista las molestias que pueda ocasionarles el entorno y alcanzan el grado máximo de concentración y creatividad. No se sienten ni sobrecargadas ni infrautilizadas. Están totalmente consigo mismas y plenamente centradas en la obra que llevan entre manos.

### *Cómo ser creativos y felices*

En suma, ser creativo no es otra cosa que estar fluyendo, entendiendo por tal una situación o estado que posibilita la creatividad. El flujo, el fluir de la vida, es un camino hacia la felicidad. En relación con nuestro trabajo, el fluir de la energía es el camino por antonomasia que nos permite encontrar en él plenitud y felicidad, en lugar de lamentarnos simplemente por la carga y el cansancio que el mismo nos provoca. Si la energía fluye en nosotros, trabajamos con eficacia, porque nos sentiremos arrastrados por esta energía. Así entendido, el fluir representa la forma más eficaz del trabajo creativo y satisfactorio. Esto lo diferencia también, por ejemplo, del humo de pajas de un entusiasmo que se inflama brevemente y con la misma rapidez se extingue. Pero también se diferencia del encarnizamiento en el trabajo. Hoy día son muchas las personas que con respecto al trabajo desarrollan una manía. Aparentemente, viven solo para trabajar. Sin embargo, estos mismos individuos se preocupan seriamente de otras cosas. El fluir no está relacionado exclusivamente con el trabajo; puede aplicarse también al arte, al disfrute, al juego y al ocio. También en esos otros campos fluye la vida. Podemos describirlo como la forma especial de un estado de felicidad.

### *Cuando todo se vuelve excesivo*

Lo contrario del fluir, tal como acabo de describirlo en las páginas anteriores, es la experiencia del *burnout*. Aquí nada fluye. Esta experiencia puede describirse adecuadamente con la imagen de la sequía o aridez total y con el estado de la falta absoluta de dinamismo. Uno se siente sobrecargado, petrificado, bloqueado. También los bloqueos suelen distinguirse por una experiencia negativa. Deja de fluir la energía. Es más, da la impresión de que todo en esos individuos está petrificado. Uno sigue trabajando, pero todo se vuelve rutinario. No es solo que la energía haya dejado de fluir: el individuo se siente en realidad arrastrado. Se ve llevado a la deriva de un término a otro. Deja de experimentar cualquier forma de alegría y satisfacción en lo que hace. A decir verdad, participa en todo, pero cada vez de manera más insatisfactoria, más malhumorada y más susceptible. Rehúye todo encuentro con las personas, que ahora únicamente son vistas como otras tantas fuentes de molestias: «¿Qué querrá ese de mí otra vez?» Para estos individuos, el trabajo se convierte en una carga excesiva; las personas, en algo que debe evitarse. Como consecuencia, a menudo se reacciona de forma malhumorada y áspera. Es como un grito de alarma o de socorro: «¡Dejadme en paz de una vez! ¡No puedo más y, por otra parte, tampoco quiero más!» Cuando a uno deja de resultarle fácil el trabajo que se trae entre manos, tiene que esforzarse y coaccionarse a sí mismo para trabajar. Pero llega un momento en que el esfuerzo que ha de realizar es excesivo. No dispone de más energía y, por lo tanto, actúa sin fuerza. Consiguientemente, evita toda decisión y todo conflicto. Tampoco dispone ya de fuerzas para tomar una decisión con tranquilidad y con plena conciencia. De ahí que, en semejante situación, el afectado tome a veces decisiones realmente sin orden ni concierto, con el agravante, además, de que en esos casos la angustia puede hacerle perder la paz, porque piensa que tal vez se ha equivocado. Se reprime una y otra vez esta angustia, pero sin demasiado éxito, porque una noche perseguirá al sujeto hasta en sus sueños, y una mañana se despertará con remordimientos de conciencia: «¿Tendría que haber tomado otra decisión? ¿Qué va a pasar con la decisión que ya he tomado?» Y un buen día, todo le da igual. Simplemente, continúa adelante sin pensarlo demasiado, hasta que, finalmente, no puede más. A veces, bajo el peso de tan enorme sobrecarga, las personas se derrumban. Experimentan un colapso nervioso. O rompen de pronto a llorar, y no hay forma de que paren. Personalmente, sigo teniendo ante mis ojos con toda claridad la siguiente imagen: después de asistir a una agotadora reunión, un ejecutivo se dirige en coche a la próxima cita. Se detiene en un área de servicio para tomar un café. Cuando se sienta de nuevo en el automóvil, empieza a llorar convulsivamente. No sabe qué le ha ocurrido. Pero ahora sabemos de qué se trataba: estaba «quemado», *burnout*.

### *Aparecen algunas señales*

El que una persona esté a punto de ser víctima del *burnout* lo percibe a menudo el entorno antes incluso que el propio afectado. El entorno percibe cómo un colaborador, o el jefe, está cada vez más irritado o tenso, cómo hace observaciones pesimistas o se refugia en la ironía o el sarcasmo. Profesores que antes amaban su profesión y se comprometían con el trabajo de la escuela, de pronto empiezan a hablar mal de sus alumnos y colegas. O vendedores que no se ahorran comentarios despectivos y desdeñosos sobre sus clientes. En las afirmaciones cínicamente peyorativas *contra* las personas *para* las que uno propiamente trabaja, se expresa de pronto una aversión o un rechazo radical: las relaciones se han vuelto conflictivas y se han deteriorado. Tales afirmaciones sarcásticas no eran hasta entonces habituales en esas personas. Son sin duda una señal alarmante de que en estas personas se ha instalado el descontento interior y la sobrecarga.

Otra señal es el agotamiento y el cansancio crónicos. Cuando alguien dice: «Estoy muy cansado. No tengo ganas de nada. Estoy harto de todo...», es casi seguro que el *burnout* es inminente.

El fenómeno del *burnout* no se pone de manifiesto exclusivamente en la creciente impotencia, en la debilidad de los impulsos y en el abatimiento, sino también, muy a menudo, en las depresiones que sufren estas personas. De ahí que se hable también de depresión por agotamiento. Una situación de este tipo es capaz de privarle a uno de todo impulso y de toda energía. Únicamente querría encerrarse entre las cuatro paredes de su habitación. Le gustaría no volver a encontrarse con nadie. Todo es excesivo. Todo se vuelve oscuro. En un principio, se experimenta ineficacia y pérdida de sentido en el lugar de trabajo, y al final nada parece tener sentido. Cuando se alcanza este punto, la situación es ya muy crítica.

### *Cuando se acumulan los bloqueos*

Antes de desembocar en la depresión, el síndrome del *burnout* se deja entrever en los bloqueos. La persona en cuestión se siente bloqueada. Tener bloqueos no es nada raro. Es una experiencia que todo el mundo puede tener alguna vez. Un autor ha de dejar listo un texto y, de pronto, experimenta un bloqueo al escribir. En esa situación, nada fluye. O se produce un bloqueo de ideas y no se acierta a seguir adelante. Está uno en una reunión no creativa y, de buenas a primeras, no sabe qué es lo que tiene que decir. No le viene a la mente una determinada palabra, un determinado nombre. Estos bloqueos los conoce todo el mundo. Lo que resulta especial y distintivo en el caso de personas «quemadas» es que tales bloqueos se multiplican. Y de pronto se siente uno completamente paralizado. Ya nada le resulta fácil, y todo le exige emplear mucha energía, tanto anímica como física.

Desde fuera puede reconocerse a menudo si alguien está a punto de «quemarse». Muchos no reconocen el peligro que corren, el cual es perfectamente palpable: uno trabaja como un poseso, pero cada vez está más insatisfecho y se muestra más susceptible. Ya no acepta invitaciones para pasar un rato con los amigos. Nunca dispone de tiempo. Siempre pone como excusa plazos que tiene que cumplir. Si se encuentra con alguien, nunca tiene tiempo ni siquiera para un breve diálogo. De nuevo está pensando en lo siguiente que tiene que hacer. Se nota la tensión interna que padece. Su aspecto es malo. No goza de un momento de calma, sino que todo es tensión y esfuerzo. A ello hay que añadir otra cosa: numerosas señales nos dan a entender que esta persona no tiene ya realmente ganas de nada más. Todo se convierte para él en una carga: no solo el trabajo, sino también la convivencia en la familia, con los hijos, los pequeños trabajos de la casa... Las discusiones son más frecuentes cada vez. Los hijos observan lo tensos que están el padre y la madre. Ellos exigen atención, pero reciben rechazo. Este juego alcanza cotas muy elevadas, desencadena tensiones y se convierte en una nueva fuente de agobio.

### *Insensibilidad y frustración*

Uno de los fenómenos que avisan del peligro de quemarse es la creciente insensibilidad de la persona. Ya no siente nada en el trabajo, en el trato con los colaboradores o con los clientes. Es más, incluso el trato con los amigos le resulta cada vez más frío y vacío. Los demás perciben la presión bajo la que vive esta persona. Son muchos los individuos que en todo lo que hacen se sienten presionados. Para ellos, la presión que experimentan en el trabajo es una prolongación de la presión interior a que están constantemente sometidos. No entienden que esta presión deben tomarla como una exigencia deportiva que hace fluir su energía, sino que se dejan aplastar y agobiar por ella. La experimentan como una espada de Damocles que pende sobre ellos. Y, además, viven siempre con la impresión de no haber estado nunca a la altura de esa presión, de no haber sido lo bastante buenos para el jefe que los apremia de esa manera. Sobre todo a la larga, este tipo de presión no solo no representa un estímulo euforizante, sino que ataja la energía en nosotros, genera bloqueos y conduce a una colisión en el cuerpo, en el alma y en el espíritu. Si la fuente ha dejado simplemente de manar, si en nosotros se ha cortado el fluir de nuestras energías, podemos afirmar lógicamente que estamos agotados o incluso «quemados».

La experiencia del *burnout* no se produce exclusivamente en el mundo profesional, sino también en las relaciones interpersonales; en la pareja, en la sociedad, en una asociación, en una comunidad... Tampoco es cierto que sean exclusivamente los individuos poco o nada sensibles los que pueden verse llevados a engrosar el anquilosado entorno de un *burnout*. En inglés, *burn-out*, forma verbal en infinitivo seguido de un adverbio, significa «quemarse» o «consumirse»; de ahí que en español se hable en estos casos de «síndrome de persona quemada» o «agotada» (aunque literalmente, en inglés, «quemado/a, quemados/as» sería *burnt-out*). Y precisamente allí donde las personas, llevadas de su entusiasmo e idealismo, arden en deseos de arriesgarse por los demás, es donde también corren el peligro de autodestruirse. Es significativo que este concepto se haya desarrollado en el contexto de las profesiones sociales. Se utilizó por primera vez en la descripción de los problemas de salud en estudios sobre estos grupos profesionales. Y es bien sabido que a menudo quienes escogieron estas profesiones lo hicieron impulsados por su idealismo en favor de los demás. De ahí que luego se hayan sentido tanto más frustrados cuando nadie les ha agradecido su generosidad. En ocasiones, la desilusión les ha amargado la vida. Y cuando, además, son sus propios superiores quienes les niegan el adecuado reconocimiento por el servicio prestado, la consecuencia es que su fuego interior se extingue y los devora a ellos mismos.

### *Resistencia y agotamiento*

Si un amigo advierte a otro del peligro que tiene de quemarse, este último se defiende. Reniega de la empresa o de la carga que tiene que soportar en el hogar. La culpa de que a él no le vayan en este momento tan bien las cosas es de otros. Pero esta situación acabará pronto. O él encuentra disculpas: «Sí, de momento es algo excesivo. Pero enseguida vienen las vacaciones, y al volver todo se arreglará sin problemas». Sin embargo, esta apreciación es falsa. Sí, él se va de vacaciones, pero no descansa. Vuelve tan tenso como estaba antes. Las vacaciones han sido un fracaso. Hizo mal tiempo, el alojamiento no ha respondido a lo que le habían prometido. Discutió con su pareja. No pudo dormir bien. Los problemas de la empresa, la inquietud y el desgarro interiores lo han perseguido también en vacaciones. Ahora vuelve al trabajo y siente verdadero pánico cuando piensa en todo lo que se le viene encima de nuevo. El pánico se manifiesta a veces en ataques de angustia. O en depresión. Tal vez piense incluso en el suicidio. No se ve ninguna otra salida. Pero tampoco se quiere reconocer que no hay más que hacer, que es el final. Únicamente cuando ya nada es posible, se atreve uno a pensar en acudir al médico. Pero a este no se le dice toda la verdad. Y el médico únicamente puede darle de baja durante una semana, transcurrida la cual el enfermo tendría que estar de nuevo en forma. Sin embargo, pasa la semana y el enfermo sigue igual. Y un buen médico no se dará por satisfecho simplemente con dar de baja al paciente. Le diagnosticará *burnout* o, como se dice en el lenguaje médico convencional, hará constar que sufre una «depresión por agotamiento».

En lugar de *burnout*, en muchos países se habla también, efectivamente, de «agotamiento». Esta idea está relacionada con la imagen de la fuente de la que nos surtimos de agua. Estamos agotados cuando la fuente se seca o se ha vuelto turbia; cuando ya no puede refrescarnos con su agua, y únicamente fluye dentro de nosotros como un pequeño hilillo. La imagen del flujo, del fluir, cuadra más bien con la imagen del abastecimiento de agua. Cuando nos abastecemos de nuestras fuentes interiores, que son inagotables, ya no será tan fácil que lleguemos a agotarnos.

La utilización del concepto de *burnout* entraña también el peligro de que, en presencia de cualquier agobio o carga que uno tenga que soportar en su vida profesional o en el ámbito de su vida privada, tienda a hablar con excesiva precipitación de *burnout*. Sin embargo, no toda sobrecarga temporal desemboca necesariamente en *burnout*. Sobre la diferencia entre estrés y *burnout* hablaré más adelante. En psicología, y más concretamente en medicina, el término *burnout* no debe entenderse hasta la fecha como la descripción aceptada y con carácter vinculante general de la imagen clínica de una enfermedad. Dado que el *burnout* se presenta a menudo unido a síntomas depresivos, los psicólogos prefieren hablar a veces de depresión por agotamiento. Según esta definición, la enfermedad no radicaría en el *burnout*, sino en la depresión, que de todos modos puede haber sido causada por el agotamiento.

### *Necesitamos autoayuda y autoasistencia*

En este libro me propongo, ante todo, describir el fenómeno del *burnout* y cómo lo experimentan las personas en diversas circunstancias vitales; pero también me gustaría sugerir a los lectores diversas ayudas concretas que les orienten sobre la forma de combatir este agotamiento duradero. Se trata, en definitiva, de posibilidades que ofrecen la autoayuda y la autoasistencia para no enfermar. En este terreno doy especial importancia a las imágenes. Las negativas pueden conducir al *burnout*; en cambio, activar las imágenes positivas contribuye de alguna manera a ponerme en contacto con mis fuentes interiores, de las que podré beber para no terminar agotado. Se trata en este caso de imágenes personales, pero también de imágenes tal vez acuñadas por las instituciones en las que vivo y trabajo. Imágenes tenidas en alta estima en la sociedad y que llegan hasta nosotros por todo tipo de cauces, incluidos los medios de comunicación social, pueden reforzar el *burnout*. De ahí la importancia de encontrar y fijar en nuestra mente imágenes saludables y motivadoras que nos protejan contra el peligro de morir «quemados».

En el trasfondo de nuestras acciones se encuentran a menudo imágenes que deben estimularnos, espolearnos y darnos alas. Por desgracia, con demasiada frecuencia estas imágenes nos llevan en la dirección equivocada y nos dejan sin sustancias nutritivas: los modelos pueden inducirnos también a actuar de manera indebida. Se trata de imágenes interiores –pero que en ocasiones son también «oficiales»– que la sociedad nos ofrece sin que se las pidamos, a través de los medios de comunicación que las difunden y de las directrices de las empresas que las prescriben a sus clientes.

En este libro invito a los lectores, por una parte, a tomar en serio las imágenes en su doble dimensión: como fuerzas dotadas de capacidad organizativa y constructiva, pero también como fuerzas que pueden agotarnos; y, por otra parte, a que se pregunten cómo influyen en ellos, qué poder inhibidor o motivador ejercen las imágenes en su vida. En definitiva, de lo que se trata es de que todos encontremos imágenes que aceleren nuestro fluir y despierten en nosotros el gusto por nuevas formas y figuras que reduzcan nuestras cargas y liberen nuestras potencialidades, que nos ayuden a ser responsables y a desarrollar las ganas de vivir y de trabajar.

## *Imágenes, visiones, visualizaciones, ritos*

En psicología distinguimos imágenes, visiones y visualizaciones. C.G. Jung acuñó el concepto de «imagen arquetípica». Son las imágenes que a los seres humanos les permiten centrar o estructurar su realidad personal en torno al propio sí mismo. Como tales, las imágenes arquetípicas poseen una fuerza curativa y globalizadora. No obstante, Jung advierte del peligro de identificarse con las propias imágenes arquetípicas. En efecto, quien tome esta opción tendrá que cerrar los ojos para no percibir las necesidades que luego experimentará para mantenerse fiel a dicha imagen. Imágenes arquetípicas son, por ejemplo, la de ayudante o la de sanador. Sin embargo, si en el diálogo con una persona que busca ayuda me identifico con la imagen del sanador y estoy convencido de que con mi proximidad, ternura y amor podré sanar a los otros, no me doy cuenta de hasta qué punto escenifico mis propias necesidades de proximidad bajo la apariencia de la imagen arquetípica. La imagen del sanador puede sin duda ponerme en contacto con las fuerzas sanadoras de mi alma. En este sentido, dicha imagen es saludable para mí y para los demás. Pero a mí no me está permitido identificarme con esta imagen. De hacerlo –en palabras de C.G. Jung–, cometería un acto de engreimiento interior. Se produce una inflación moral que me hace perder de vista mi propia limitación humana.

No todas las imágenes son arquetípicas. Pero, con diferente intensidad, todas y cada una de las imágenes influyen en el ser humano. Esta influencia es tanto más fuerte cuanto más claramente choca la imagen externa con imágenes internas. Todos llevamos con nosotros imágenes internas que se han formado a lo largo de su vida. En este sentido, tienen una importancia especial las imágenes que todos nos hemos creado siendo niños, por estar muy profundamente arraigadas en nosotros. Las imágenes nos ponen en contacto con el potencial de capacidades que tenemos en nuestro interior y con la fuente de energía que hay en el fondo de nuestra alma.

De las visiones se habla en un doble sentido. Por una parte, están las visiones de las que nos informa la mística. Se trata de imágenes internas que recibimos por sorpresa. Estas visiones no se limitan a una sola imagen, sino que a menudo representan una secuencia de imágenes, de acontecimientos, que desfilan delante de nuestro ojo interior. La mística nos informa acerca de estas visiones, pero al mismo tiempo se muestra crítica con respecto a ellas. En efecto, la mística sabe que es muy peligroso que alguien con ese tipo de visiones pretenda convertirse en el centro de interés y sentirse como alguien fuera de lo común. En economía, en cambio, se habla de la visión que debe tener una empresa para afrontar su futuro. Estas visiones miran siempre al futuro. Son imágenes que describen los objetivos de la empresa, la cual deberá desarrollarse en la dirección que aquellas indiquen.

La visualización es un ejercicio psicológico. En este caso, se habla también de imaginación. Se imagina uno determinadas imágenes y deja que estas actúen en él. Se imagina uno, por ejemplo, que camina por una verde pradera y que se encuentra absolutamente tranquilo. A continuación, entra en una capilla y se sienta en uno de los bancos. En esa postura observa cuáles son las imágenes y los sentimientos que se abren paso en su mente. De esta manera trabaja también la imaginación que se emplea en el terreno de la medicina. Los enfermos de cáncer se imaginan cómo los glóbulos blancos de la sangre engullen y eliminan las células cancerígenas; o que el poder sanador de Dios penetra en las células enfermas y las cura. Así pues, visualización e imaginación trabajan con imágenes que uno mismo se representa con el fin de obtener determinados efectos en uno mismo.

Los ritos –o rituales– son ejercicios concretos que realizamos con la intención de ponernos en contacto con nosotros mismos. Cuando en este libro propongo ciertos ritos, a menudo combino el rito propiamente dicho con imágenes y visualizaciones. Con los ritos pueden ejercitarse y fijarse determinadas imágenes internas. Para ello se requiere un determinado tiempo, que yo me tomo para mí cuando realizo un ritual. Es un tiempo sagrado, que me pertenece y podría curarme. Desde el punto de vista de los antiguos griegos, lo santo representaba siempre también lo curativo. Del término griego *hágios* –«santo»– se derivan en alemán otras dos palabras que merece la pena recordar: el sustantivo *Hag*, que designa el «bosquecillo» o el «seto» que señala y protege un recinto que me pertenece, y el adjetivo *behaglich*, que se aplica a un lugar que me resulta «agradable», «placentero». Allí donde el rito crea para mí un tiempo y un lugar sagrados, yo me siento a gusto, seguro, protegido. Los ritos que propongo en este libro pretenden ser una ayuda para que el lector consiga grabar en su alma aquellas imágenes y representaciones que le sean saludables, transformar aquellas otras imágenes que sean nocivas para su salud y descubrir un camino que le muestre cómo puede fluir su energía interior.

# 1

# Estar atentos. Aprender a manejar el estrés

## *Euestrés y distrés*

A quien padece de *burnout* todo le resulta estresante. No obstante, conviene recordar que el estrés no puede equipararse al *burnout*, pero indudablemente puede degenerar en *burnout* cuando concurren otras circunstancias internas o externas. Para empezar, la tensión y la presión no suelen ser nada extraordinario. De todos modos, en la sociedad actual, con su ajetreo, sus continuos cambios y sus variadas exigencias, ambas –tensión y presión– forman parte de nuestra vida en distinta medida que en las generaciones anteriores. Cuando hoy hablamos de estrés, estamos empleando un lenguaje un tanto equívoco. No en vano, la psicología distingue entre «euestrés» y «distrés». Hay una tensión buena (*eu*-estrés) que nos mantiene vivos, y una tensión negativa (*di*-strés) que nos supera. A esta última nos referimos siempre que hablamos de las exigencias externas o internas que nos agobian en una medida superior a nuestras fuerzas. Naturalmente, cuando hablamos del estrés, nos referimos en la mayoría de los casos al mundo del trabajo. Para que trabajemos todavía más, y lo hagamos más deprisa, en la empresa nos vemos sometidos permanentemente a presión. Frecuentemente, la presión a que se nos somete desde fuera aparece mezclada con nuestra propia tendencia interna a situarnos bajo presión en todo cuanto hacemos. Sin embargo, la cantidad de trabajo no depende ante todo del estrés, sino de las exigencias que nos plantea la vida: se dan a veces situaciones agravantes, como una enfermedad crónica, el cansancio, una deficiencia psíquica o la carga derivada de conflictos familiares, de problemas con los hijos, de una crisis matrimonial o de un divorcio. En este sentido, también la muerte de un ser querido representa una sobrecarga.

*Prestar atención a las causas*

Todos conocemos el estrés, y muchos se quejan de padecerlo. Sin embargo, lamentarse simplemente no sirve de gran ayuda. Para reaccionar contra el estrés, el primer paso consiste en prestar atención y preguntarse por las causas: ¿Se debe realmente a la cantidad de trabajo? De ser así, debería proponerme reducirla. ¿Depende de circunstancias externas agravantes, como la pérdida de un ser querido, conflictos en la familia, en la pareja o en la empresa? Estas circunstancias externas agravantes no puedo simplemente erradicarlas del mundo. Están ahí. Debo tenerlas en cuenta. Lo que sí depende de mí es la manera de reaccionar frente a ellas. Con otra forma de reaccionar tal vez pueda reducir mi estrés.

Un ejemplo concreto que me fue referido por una mujer: «El trabajo en la empresa me cansa de tal forma que apenas me quedan fuerzas para hacer el trabajo doméstico para la familia. Voy continuamente de un lado para otro con la mala conciencia de no dedicar a mis hijos y a mi esposo el tiempo suficiente y, sobre todo, de no tener la suficiente fuerza psíquica para dedicarme completamente a ellos. Cada vez me vuelvo más sensible». Y me preguntó: «¿Cómo puedo afrontar esta situación con esta sensación tan agobiante y qué puedo hacer para no correr el peligro de ser víctima del *burnout*?»

También para ella vale lo que ahora mismo acabo de decir: de lo que se trata, ante todo, es de prestar atención y analizar exactamente qué es lo que nos produce tan elevado nivel de fatiga. ¿Es la cantidad de trabajo? ¿Son las relaciones poco claras que imperan en la empresa? ¿Son las numerosas decisiones que deben tomarse? ¿O es la presión que la dirección de la empresa ejerce sobre los trabajadores? Quien ha conocido la verdadera causa del problema puede pensar cómo habría que reaccionar frente a la presión, la falta de claridad en las relaciones de la empresa y las expectativas de fuera, sin tener que verse sometido de nuevo a tanta presión. Personalmente, a quienes se quejan del estrés que padecen suelo aconsejarles que vean dónde deben separarse y protegerse. A la mujer del ejemplo anterior le hice una sugerencia muy concreta: «Cuando vuelvas a casa, cierra conscientemente la puerta del trabajo. No consideres tu dedicación a los hijos como una forma de trabajo. Más bien, disfruta del hecho de poseer una familia, de que tus hijos aporten a tu vida otros aspectos. No debes ir por la vida con mala conciencia. No tienes que hacer muchas cosas por tus hijos y tu marido. Simplemente, debes estar presente en su vida. Confía en que, siendo como eres, sin que tus logros sean nada del otro mundo, conseguirás ser una bendición para tu familia. Dales lo que puedas. Y ora para que todo cuanto des a tus hijos se convierta para ellos en una bendición y para que ellos se sientan impulsados a desarrollar por sí mismos sus propias fuerzas. Si eres especialmente sensible, cuida mejor de ti misma. Abrázate a ti misma. Toma en tus brazos al niño herido y sensible que llevas dentro de ti y estréchalo cariñosamente. Permítete ser como realmente eres. Pero, al mismo tiempo, confía en que la saludable cercanía de Dios te rodea y te protege de la amenazadora cercanía de los seres humanos, de sus demandas y expectativas».

Es probable que la experiencia que me refirió la mujer no sea tan rara, después de todo. Y tal vez todos los trabajadores puedan decir alguna vez: «Siento que la empresa me produce estrés. Ahora bien, si es así, lo primero que he de preguntarme es: ¿Puedo cambiar de alguna manera mi actitud? Y también: ¿Cómo podría yo reaccionar de otra manera?»

### *Cuatro pasos para sortear positivamente la presión*

Primer paso: entrar en contacto conmigo mismo. En las situaciones de estrés suelo conceder a determinados factores externos un excesivo poder sobre mi persona. Me dejo determinar desde fuera y corto la relación conmigo mismo. Para entrar en contacto conmigo mismo tengo que sentir mi propia respiración, percibir mi cuerpo, disfrutar del hecho de estar conmigo mismo. Solo entonces puedo decirme: «Ahora, en este momento, estoy conmigo mismo. Ahora nadie quiere nada de mí. Me abro al trabajo, a los problemas. Pero no me dejo arrastrar ni que me metan prisas».

Segundo paso. Analizo mi actitud y me cuestiono a mí mismo. ¿Desearía tal vez ganarme el cariño de todos, contentar a todo el mundo? ¿Estoy necesitado de atención, confirmación y reconocimiento? Reconocer mi propia indigencia es el primer paso para poder relativizarla. Mi propia indigencia o mi susceptibilidad no me autorizan a autodenigrarme. Lo único que conseguiría con ello sería elevar mi nivel de estrés. Por tanto, debo admitirlas. Y en ese momento estaré también en condiciones de distanciarme de ellas. Ahora no es para mí tan importante lo que los demás piensen de mí. Ahora confío en mi propio sentimiento. Ahora sé que Dios no solo me soporta, sino que me acepta. Esto me libera de la presión de tener que sentirme amado por todos.

Tercer paso. Me pregunto cuál es la fuente de la que bebo. ¿Es la turbia fuente del perfeccionismo, de la ambición, de la afirmación obsesiva de mí mismo? Tal vez mi estrés dependa del hecho de que sacio mi sed en una fuente turbia. En ese caso, dejando de lado todas las fuentes turbias que ahora me surten de agua, podría tratar de penetrar hasta la fuente clara que brota en el fondo de mi alma. Esta fuente clara es la del Espíritu Santo, que puede inspirarme para buscar otras soluciones y encontrar otro camino que sea transitable.

Cuarto paso. Si el trabajo es objetivamente excesivo, reflexiono acerca de si le dedico demasiado tiempo. De ser así, debería recortar y reducir de alguna manera ese tiempo, cosa que, en opinión de muchos, no es posible. Naturalmente, siempre habrá más trabajo que podamos hacer. Esto vale tanto para el trabajo doméstico como para el trabajo en la oficina o el despacho. Personalmente, cuando siento que me agobia el estrés, hay algo muy sencillo que me sirve de ayuda: simplemente, limito mis horas de trabajo. Trato de aprovechar esas horas, pero después puedo disfrutar de momentos que me reservo para la oración, el silencio o la lectura. Una manera cómoda de marcar los diversos tiempos son los ritos, que crean para mí un tiempo sagrado. El tiempo sagrado me pertenece. Nadie está autorizado a disponer de ese tiempo. Si, a pesar de tener mucho trabajo, me reservo personalmente un tiempo sagrado cada día, puedo respirar a fondo. Me siento libre. Cada día disfruto agradecido de ese espacio de libertad. Y esa experiencia insufla también una cierta dosis de libertad en la actividad laboral, sometida a tanta presión. En la empresa me veo obligado a plantearme de nuevo muchas exigencias. Pero gracias a la experiencia de este tiempo libre y de esta libertad interior, puedo abordar de manera distinta las expectativas provenientes del mundo exterior. No me dejo ya determinar o abrumar por ellas. Puedo abordarlas personalmente. Y en todo cuanto hago vuelvo siempre a sentir la libertad interior. Personalmente, me es de gran ayuda imaginar que se abre dentro de mí un espacio de libertad, un espacio sagrado en el que habita Dios. Las expectativas de los hombres no tienen acceso a este espacio, dentro del cual no me siento presionado en absoluto, sino que soy plenamente yo mismo.

### *Encontrar nuestra medida*

Todos tenemos que hacer frente, una y otra vez, al fenómeno del estrés. Si este llega a ser excesivo, el cuerpo se rebela en su contra. En unos casos reacciona con molestias en el estómago superior. En otros, se producen pérdidas de audición o problemas relacionados con una lesión discal. Otras veces aparecen erupciones cutáneas. Algunos padecen frecuentes catarros... Todas estas manifestaciones son otras tantas señales de alarma del cuerpo. No se trata todavía necesariamente de *burnout*. Sin embargo, aunque aún no nos encontremos en un estadio dramático o amenazador de *burnout*, sí deberíamos prestar atención a estas señales.

Si el cuerpo reacciona, deberíamos agradecérselo, porque de esa manera nos obliga a mejorar nuestras relaciones con nosotros mismos, a trabajar en nuestra actitud interior o a reducir la carga de trabajo. Es siempre una empresa arriesgada, pero debemos estar dispuestos a aceptar las exigencias de la vida, porque eso nos mantiene vivos y nos fortalece. Pero también existe lo que se llama «sobretensión». Hace falta un fino olfato para reconocer cuándo la tensión es fuente de vida y cuándo, por el contrario, impide vivir. A todos nos vendría bien detenernos y guardar unos minutos de silencio no solo cuando se hacen patentes los esfuerzos de adaptación que realiza nuestro cuerpo, sino de vez en cuando, de forma sistemática; durante esos momentos, sentados tranquilamente, debemos tratar de escuchar el mensaje que nos envían nuestra alma y nuestro cuerpo y preguntarnos si nuestra vida es coherente, y qué es precisamente lo que nos presiona y lo que nos deprime. Podremos entonces reflexionar y decidir cómo vamos a reaccionar.

Como ya he indicado, el *burnout* es distinto del estrés. Este último *puede* hacernos enfermar, si no abordamos correctamente la tensión ni encontramos la medida que podemos soportar. De todos modos, al estrés todavía es más fácil reaccionar, a condición de que estemos atentos y descubramos qué es lo que lo provoca. El *burnout* es ya una manifestación de enfermedad; las personas que lo padecen pierden toda tensión y, simplemente, están agotadas. Se pierde la esperanza y, en general, la perspectiva de poder tratar el agobio que sufre la persona. Pero precisamente por eso es importante observar también las condiciones y las circunstancias que conducen al *burnout*; a menudo, las circunstancias que concurren son muchas y están estrechamente unidas, y en la mayoría de los casos el proceso de avance de la enfermedad es apenas perceptible. En el próximo capítulo expondré cuáles son estas condiciones.

### RITO

*Si tienes la sensación de que el ajetreo y el estrés gobiernan tu vida diaria, trata de cambiar de marcha de un modo plenamente consciente. Intenta desacelerar conscientemente tu vida y adiestrarte en la práctica de una lentitud que te resulte beneficiosa.*

*Escoge cada día un pequeño camino que, de manera plenamente consciente, puedas recorrer sin prisas, lentamente. Pueden ser los peldaños de una escalera, el camino que lleva hasta tu buzón de correos o el sendero que atraviesa el jardín. Puede tratarse de un camino que, por el motivo que sea, tienes que recorrer cada día. Pero puede tratarse también de un camino que tú mismo te has trazado explícitamente para esta ocasión y que puede consistir en dar una vuelta por tu jardín o por un parque público.*

*Intenta un día caminar muy despacio, dar conscientemente un paso antes que otro, sentir en tus manos el soplo de la brisa. Sería preferible que al realizar este rito estuvieses a solas contigo mismo, sin espectadores. Pero al avanzar a un paso tan exageradamente lento, percibes lo que significa existir plenamente en el instante presente, lo que significa dar pasos, caminar, sentir el mundo. Todo tu ser está presente en tu cami-*

*nar. No estás obligado a hacer nada. No debes centrarte en ti mismo. Verás que el hecho de caminar con esa extremada lentitud te desacelera interiormente, como compruebas enseguida en tu corazón.*

*Si haces esto cada día, verás cómo algo cambia en ti. Este ejercicio de caminar lentamente puedes realizarlo a una hora determinada – por la mañana, por la tarde al volver del trabajo– o vincularlo a un lugar determinado –al pasillo de tu vivienda, al sendero que conduce al buzón–. Cada día notarás de alguna manera la desaceleración de tu vida, que te dará nuevas energías también para el trabajo, en el que luego te estará permitido ir deprisa.*

# 2

# Cinco causas del *burnout*

## *Un proceso que desemboca en la crisis*

CUANDO asesoro a personas cuyo estado físico y psicológico lleva la marca de lo que aquí hemos descrito como *burnout*, a menudo escucho de sus propios labios como primera justificación de su agotamiento lo siguiente: «Estoy destrozado y padezco de *burnout* por haber trabajado demasiado». A lo que yo suelo contestarles: «Eso suena ahora muy bien. Tal vez te gustaría escuchar palabras de admiración salidas de mi boca, por haber trabajado tanto, o de compasión, por haber tenido que trabajar tan desmedidamente. Pero, por desgracia, yo no creo que hayas terminado "quemado" por el trabajo. Las causas de esta situación hay que buscarlas siempre en otra parte». La mayoría de las veces, mi interlocutor me mira entonces con una expresión de incredulidad en su rostro. Yo trato entonces de explicarme: para comprender el *burnout* es importante observar el desarrollo del proceso que ha conducido a esta crisis. El *burnout* no aparece de repente en la vida de una persona, como si de un accidente de tráfico, casual e imprevisible, se tratara. Uno no se «quema» de la noche a la mañana. Antes se han presentado indicios y síntomas. Lo que ahora resulta perfectamente visible ha venido anunciándose durante mucho tiempo. El sujeto en cuestión se ha visto a veces sobrecargado. Sin embargo, luego se ha recuperado bien. Es verdad que en alguna ocasión ni las vacaciones ni los descansos temporales le han servido de gran ayuda. Ese individuo no tenía más energías ni más ganas de trabajar. Cuando pensaba en el trabajo, enseguida le asaltaban sentimientos de angustia: «No puedo, es demasiado para mí...» Luego, a menudo el cuerpo ha reaccionado con un sudor frío, con insomnio, con cansancio crónico. Es bueno observar este proceso y preguntarse luego por los motivos, las causas internas y externas que en cada caso contribuyen a que, finalmente, se produzca el colapso total.

En mi opinión, hay sobre todo cinco causas que conducen al *burnout*. Naturalmente, el número de causas podría ser mayor. Pero, por lo que yo he podido observar en los interesados y por la experiencia de mi trato con ellos, estas cinco causas o patrones siempre están presentes en el proceso.

### *El perfeccionismo y la presión autoinfligida*

Ya hemos aludido a las turbias fuentes de las que solemos beber y que a veces se hallan dentro de nosotros mismos, como es el caso, por ejemplo, de la presión a que nos sometemos, en ocasiones hasta voluntariamente. Es lo que, de alguna manera, ocurre con el perfeccionismo. Hacer algo bueno o incluso perfecto es absolutamente recomendable. Sin embargo, si yo pretendiera hacerlo todo con una perfección absoluta, tendría que emplear demasiadas energías para realizar trabajos realmente sencillos, de lo cual se resiente el trabajo realmente importante. Literalmente, «perfecto» significa «acabado», «consumado», pero también se emplea para referirse a algo que ha salido bien y de lo que uno puede alegrarse. Hoy día, las imágenes del perfeccionismo, más que de la alegría que produce cualquier obra acabada, provienen del ámbito de lo jurídico. Se trata del juicio valorativo acerca de una acción y de la angustia ante una posible condena y sus consecuencias: ¿Puede alguien poner reparos a algo que yo he hecho? ¿Es mi acción jurídicamente impugnable? En realidad, no se trata de juzgar la obra buena, sino más bien de saber si alguien puede encontrar en ella un defecto que luego pueda usar en mi contra; dicho de otro modo: si alguien puede quejarse de mí. Este perfeccionismo «jurídico» nos paraliza. Por otra parte, si únicamente nos preocupan los posibles defectos de nuestras acciones y dejamos de tener en cuenta la cosa en sí y a las personas, el perfeccionismo nos impedirá realizar cosas buenas y hermosas.

El perfeccionista necesita controlarlo todo una y otra vez, y repasarlo de nuevo para comprobar si es lo bastante bueno. En personas así pensaba seguramente Jesús cuando dijo: «Nadie que, habiendo puesto la mano en el arado, mira para atrás es apto para el reino de Dios» (Lucas 9,62). Jesús se sirve aquí de una bella imagen. Al arar sus tierras, el labrador mira hacia delante. Está atento y comprometido con lo que hace. Tiene la sensación íntima de que los surcos que está abriendo en la tierra son rectos. Quien mira constantemente hacia atrás, para controlar si realmente son rectos los surcos que abre su arado, malgasta inútilmente su energía. En él, la última palabra la tiene el yo miedoso, no la mirada liberadora sobre sí mismo. A este espacio de libertad se refiere Jesús al hablar del reino de Dios. Quien no está dispuesto a acogerlo, no reserva un espacio para Dios. Ahora bien, Dios es una fuente que mana inagotablemente. Si bebemos de la fuente divina del Espíritu Santo, la energía fluye en nosotros. De todos modos, esta fuente no impide ejercer permanentemente ese control que tanto ansía el perfeccionismo de nuestro yo.

Las personas que padecen *burnout* suelen lamentarse de la presión a que están sometidas. Por de pronto, en este terreno conviene distinguir e identificar la causa de sus quejas. En efecto, una cosa es la presión que nos viene impuesta por alguien desde fuera, y otra muy distinta la presión que nosotros mismos nos imponemos. Con toda seguridad, la presión que nosotros nos imponemos constantemente acaba enturbiando nuestra fuente interior. Hay personas que desde su niñez han vivido sometidas a presión. De ahí que el aprecio que puedan sentir por sí mismas esté relacionado con determinadas condiciones que ellas mismas establecen: «Solo soy bueno si...» O bien emprenden una tarea bajo la presión de llevarla a cabo cada vez en menos tiempo. Esto puede ser algo totalmente cotidiano. Así, una mujer me contaba que cuando se ponía a planchar la ropa, siempre lo hacía sometida a la presión de emplear cada vez menos tiempo en la tarea. Otras personas se imponen a sí mismas la obligación de que todo cuanto hagan con respecto a otras personas debe tener siempre un nivel relativamente alto de calidad. En el lugar de trabajo, esta presión se disfraza bajo la idea de que en el mismo tiempo se ha de producir siempre más. Aquí, por otra parte, la presión externa se une a menudo a la presión interna del perfeccionismo. Hay individuos que en todo cuanto hacen actúan presionados, porque la estructura de su personalidad así se lo impone. Si están en un grupo, piensan que lo que digan debe ser necesariamente algo razonable, para poder compararse con los demás. A menudo, este tipo de estructura de la personalidad se arrastra desde la infancia. Muchos niños interiorizan la presión que sobre ellos han ejercido sus padres. La psicología habla en este caso de impulsores internos: «Sé rápido, sé perfecto, busca el éxito, no estés ocioso. Siempre hay algo que hacer. Siempre hay una exigencia que te apremia. Has de demostrar continuamente tu propia valía con el trabajo...» Sin embargo, esta actitud le impide a uno entregarse de lleno a lo que hace en cada momento. Tiene que estar continuamente pendiente de lo que piensan de su trabajo las personas que le rodean. Y eso le bloquea y consume mucha energía. El teólogo y psicólogo Henri Nouwen habla aquí de intenciones marginales –o secundarias– que tenemos en el trabajo. No nos abandonamos libremente a la tarea que realizamos, sino que permanentemente tratamos de demostrar nuestra valía ante los demás y de quedar bien con ellos.

### *Quien vive dirigido desde fuera acaba enfermando*

En segundo lugar, el *burnout* resulta casi inevitable cuando dejamos que alguien decida por nosotros; es decir, cuando en todo lo que hacemos o dejamos de hacer obedecemos a una instancia exterior a nosotros y no vivimos nuestra propia imagen, la que corresponde a nuestra esencia y nos hace libres y autónomos en lo más íntimo de nuestro ser. Esto sucede cuando nos guiamos excesivamente por las imágenes que otros tienen de nosotros. De cada uno de los seres humanos se ha hecho Dios una imagen única. Si estamos en contacto con esta imagen originaria, sencillamente existimos y podemos embarcamos en el trabajo, que fluirá con facilidad. Pero si deseamos responder a la imagen que los demás tienen de nosotros, consumiremos excesiva energía. Esto se manifiesta también en el hecho de que, en lugar de vivir del propio núcleo interior, siempre tratamos de responder a las expectativas de otros. En nuestro trabajo siempre nos vemos expuestos a todo tipo de expectativas e integrados, por lo general, en contextos que no hemos determinado nosotros mismos. Esto es algo que no podemos negar; es más, debemos incluso aceptarlo por principio. Pero si nos dejamos abrumar por las expectativas, acabaremos apagados y exprimidos. Deberíamos responder a las expectativas, pero no estamos obligados a satisfacerlas. Si hacemos nuestro trabajo como corresponde a nuestra esencia más íntima, entonces todo va como la seda. Si únicamente nos preocupa satisfacer las expectativas del jefe o de nuestros colaboradores, se producirá un excesivo desgaste. El hecho de que las expectativas de los jefes y de los colaboradores puedan diferenciarse no es nada raro, desde luego. Por otra parte, no estamos expuestos únicamente a las expectativas en el mundo del trabajo, sino también y al mismo tiempo, por ejemplo, a las expectativas y exigencias de la familia, que son siempre contrarias a las de la empresa. Mi marido, mi mujer y mis hijos quieren que yo regrese puntualmente a casa y tenga tiempo para ellos. Por el contrario, a la empresa le interesa que yo siga en mi puesto y acabe algún trabajo que está pendiente, sin tener en cuenta que mi horario laboral ha terminado. Quien vive excesivamente dependiente de las expectativas de su entorno, trabaja a presión para satisfacerlas y pretende hacerlo todo correctamente, está imponiéndose a sí mismo una sobrecarga, comprometiendo, por tanto, de alguna manera su salud. Esta persona tiene que enfrentarse a los retos que, en forma de expectativas ajenas, le llegan de muchas partes; y si desea medir a todos por el mismo rasero, no sabe cómo salir del paso. Semejante situación la paraliza y genera en ella sentimientos de culpa que le roban aún más energía. Quien se mueve de un lado para otro sin apartar de su mente el sentimiento de culpa, porque no satisface las expectativas de su jefe o de su familia, está desperdiciando su energía. Los sentimientos de culpa suscitan en nosotros un estado de ánimo fundamentalmente negativo. El suelo firme sobre el que nos apoyamos se mueve. Perdemos la estabilidad.

### *El tratar de aparentar nos roba energía*

Según mi experiencia, una tercera causa del *burnout* es que muchas personas emplean demasiada energía en tratar de aparentar. Una energía que echan después en falta, cuando se trata de controlar la realidad, creándose así un círculo vicioso: tenemos miedo a presentarnos tal como somos y preferimos escondernos detrás de una «fachada» que luego tratamos de mantener a toda costa. Detrás de esta actitud se esconde una autovaloración pesimista. La terapeuta Luise Reddemann habla en este contexto de «identidades carenciales» para referirse al hecho de que, en lugar de prestar atención a los propios recursos y a las posibilidades positivas que efectivamente *tenemos*, a menudo estamos pendientes de aquello que *no* tenemos y que *no* somos. Nos fijamos en aquello que aparentemente nos «falta», y de esa manera nos atribuimos una (hipotética) carencia. Tenemos la impresión de que no deberíamos ser como realmente somos y de que, por tanto, estaríamos obligados a mantener bajo llave todo aquello que no responda a la imagen de nosotros mismos que nos gustaría mostrar hacia fuera. La consecuencia es que con esta actitud nos construimos una realidad ficticia, destinada a impresionar a los demás.

Una mujer me dijo en cierta ocasión: «No puedo estar en silencio. Si lo hiciera, explotaría dentro de mí un volcán». Mi respuesta fue la siguiente: «Si vive con esta imagen, necesitará usted mucha energía para mantener permanentemente controlado su volcán interior. Esa energía es la que le falta para el trabajo. Sin olvidar que usted descansa siempre sobre un volcán, con la consiguiente angustia de que, por muchas precauciones que tome, en cualquier momento podría explotar». Aquella mujer tenía una imagen de sí misma que le robaba mucha energía, porque fijaba su atención en el aspecto amenazador de su propio interior. Quien dedica demasiada energía a la construcción o al mantenimiento de su «fachada» echa de menos esta energía a la hora de trabajar. Sin embargo, le angustia constantemente la mera idea de que la energía que dedica a conservar la «fachada» es en balde: en efecto, los demás podrían echar una mirada y descubrir lo que hay detrás de la «fachada». Un ejemplo de esta actitud nos lo ofrecen quienes siempre tratan de restar valor a su persona y a su rendimiento con palabras como estas: «La verdad es que hasta ahora siempre he sido muy afortunado, porque en realidad yo no he hecho nada que merezca la pena...»

### *Quien resta importancia a su cansancio vive peligrosamente*

La cuarta causa de *burnout* es restar importancia al propio cansancio. Si he trabajado mucho, estoy cansado. El que yo sienta el cansancio –y lo reconozca sin ambages– es una reacción sana y buena por parte de mi cuerpo. Mi sentimiento es el siguiente: «Este cansancio es bueno. He trabajado por Dios y por los demás, y ahora voy a tomarme un descanso. El cansancio es ahora una invitación a descansar y disfrutar de algo que necesito en este momento: ocio, sueño, conversación, música, un viaje... Pero, además, el cansancio es también una invitación de más largo alcance: ahora no necesito hacer nada más. Ahora disfruto no haciendo nada. Continuamente me defino por el trabajo realizado, pero por hoy ya he trabajado bastante. Ahora está bien que sea así. Ahora prescindo de todo lo que significa rendir». Sin embargo, quien no escucha a su cuerpo ni percibe su cansancio ni disfruta, sino que pasa por alto su fatiga y la encubre una vez más con nuevas actividades, acaba siendo víctima del *burnout*. Detrás del hecho de restar importancia al cansancio se esconde la angustia de reconocer los propios límites. Me gustaría demostrar a los demás que mi capacidad de aceptar cargas es ilimitada. Pretendo exigirme a mí mismo estar siempre en forma. De ahí que me vea obligado a reprimir el cansancio con ayuda del café o de otros estimulantes. En la entrevista, es absolutamente legítimo recurrir al café para salvar una fase de cansancio. Pero si esta solución se convierte en un recurso permanente, es peligrosa. Dejo entonces de sentir el cansancio normal y empiezo a sentirme realmente agotado. He dejado de lado mi propio ritmo y he vivido en contra de mi naturaleza. A menudo, el cansancio que nunca he tomado en serio desemboca después en un cansancio crónico y, en definitiva, en la situación de *burnout*.

### *Causas de la enfermedad de carácter sistemático*

La quinta causa del *burnout* hay que buscarla en el terreno de lo sistemático. Aunque esta expresión pueda parecer excesivamente abstracta y admita diversas interpretaciones, en un sentido muy concreto sirve para describir situaciones que me afectan negativamente y me agotan. Si tengo la sensación de que mi trabajo en la empresa es inútil, mis energías se resienten de alguna manera. Otras circunstancias que pueden hacer que mis energías se malogren o pierdan su eficacia son, por ejemplo: si en mi lugar de trabajo sufro acoso u hostigamiento *–mobbing–*; si lo que yo hago pasa inadvertido para los demás; si las estructuras de la empresa son injustas; o si el día a día se ve enturbiado por rivalidades y enfrentamientos en el terreno profesional. De ahí que muchos acudan por la mañana al trabajo con una actitud negativa: ¿Quién va a gritarme hoy una vez más? O: ¿Qué tontería se le habrá ocurrido hoy al jefe? Si en una empresa en la que no se señalan objetivos claros se suceden continuamente directrices contradictorias, o si a mí no se me asigna una tarea claramente especificada, sino que me van pasando de un lugar a otro y me agobian con todas las cargas imaginables, todo ello me roba las energías. Si simplemente se amplían las áreas de actividad, entonces crece la carga de trabajo y, por otra parte, aumenta aún más la velocidad fijada de antemano, porque las personas y sus aportaciones únicamente se valoran teniendo en cuenta la relación coste-beneficio (es decir, las personas valen lo que indica su «valor» económico); si, en cambio, no se me permite emprender nada y ni siquiera puedo defenderme, a la larga todas estas situaciones hacen mella en mis energías.

Hay todavía otros factores que pueden ser perjudiciales, aunque de buenas a primeras no aparezcan como negativos. A veces incluso ideas positivas pueden cambiar de signo: por ejemplo, cuando conducen a una sobrecarga. Cada vez con mayor frecuencia, se implantan en las empresas los llamados sistemas de pago condicionado al rendimiento, que, aunque aparentemente recompensan los éxitos personales, en realidad lo único que hacen es valorar mi actividad desde el punto de vista de su valor monetario. O se introducen sistemas que, bajo la etiqueta de autorresponsabilidad, practican un control indirecto que, en realidad, sirve para recordarme lo ilimitado de mi compromiso: cuando, por ejemplo, bajo la etiqueta de «horario laboral de confianza», resuena de continuo en mi cabeza el tic-tac del reloj y me siento sin cesar espoleado a no defraudar la confianza que han depositado en mí. Si no acudo de buena gana y motivado interiormente al trabajo, porque este representa para mí un peso y una amenaza, esa situación me agota. Si a todo esto se añade que, a pesar de mis esfuerzos, pende sobre mi cabeza la espada de Damocles de la posible pérdida del empleo, si vivo con la sensación de que mi puesto de trabajo corre peligro, aunque personalmente me esfuerce hasta agotarme, la consecuencia de todo ello es que mi motivación interna y mi energía desaparecen. Mi energía no se ve amenazada únicamente por situaciones externas, como el acoso u hostigamiento laboral (*mobbing*); en ocasiones, este efecto negativo se debe simplemente a la falta de sentido del trabajo realizado. No llego a entender para qué puede servir realmente este trabajo. Nadie «ve» lo que yo hago. Wolfgang Schmidbauer ha observado que las fronteras físicas y emocionales se perciben como especialmente agobiantes cuando brilla por su ausencia todo reconocimiento. Yo puedo trabajar mucho, pero si no experimento ninguna reacción positiva, terminaré perdiendo mi motivación. Y luego todo resultará mucho más laborioso.

Otro factor que explica la aparición del *burnout* es que no he aprendido a lidiar con las decepciones y los agravios que padezco. Me gusta trabajar con seriedad; pero cuando no soy reconocido, o cuando únicamente recibo críticas, o incluso soy objeto de afrentas, mi motivación se hunde. Con el tiempo, esto conduce a menudo a crisis de salud. Muchos trabajadores sociales ayudan a las personas psicológicamente afectadas o maltrechas. Pero es también frecuente que estas no se encuentren en condiciones de mostrar su agradecimiento, lo cual hace que, si no aprenden a relacionarse adecuadamente con estas decepciones y agravios, muchos asistentes sociales acaben enfermando.

También estas causas de carácter sistemático tienen su factor desencadenante en nuestra constitución natural como seres humanos. La investigación cerebral ha comprobado que en los seres humanos el deseo de pertenencia, aceptación y aprecio está muy hondamente arraigado. Los seres humanos necesitamos –ya desde niños, pero también de mayores– esta aceptación positiva para sobrevivir. Cuando dicha aceptación no se da, nos ponemos enfermos. Ya esto debería hacernos pensar en algo que luego, en la vida laboral, se comprueba cada vez con más frecuencia: juntamente con la creciente condensación del trabajo y la elevación de la presión de los plazos, durante el mismo año 2012 los directivos han encargado una encuesta que trata, sobre todo, de comprobar la llamada «falta de reconocimiento humano y social por parte de los directivos». Con relación a esta encuesta, en su colaboración para *Spiegel online* del 29 de mayo de 2012, Klaus Werle ha señalado que la principal responsable del *burnout* es la mala dirección de las empresas. Afirma concretamente: «El creciente número de afectados por la enfermedad del agotamiento –o *burnout*– es también una consecuencia de la mala dirección. No es el trabajo como tal, ni siquiera en una forma más condensada o más flexible, lo que hace enfermar, sino su mala organización. Porque ni las empresas (que tienen que afrontar la competencia global) ni cada uno de los directivos en particular (que tienen sus propios intereses en el éxito de su empresa) pueden tomar medidas contra la presión de los plazos, las ventajas del ahorro y el permanente incremento de la eficiencia. Pero lo que sí se puede cambiar y debería, además, tener claros y satisfactorios efectos inmediatos, es la cultura de los empresarios. En particular, la cultura de la dirección».

Sobre este tema volveremos más adelante.

RITO

*Cuando vuelvas del trabajo a casa, acuéstate durante 15 minutos en la cama. Pon el despertador para que puedas pasar este breve espacio de tiempo sin que nadie te moleste. Olvídate del trabajo y de las expectativas que otras personas puedan tener respecto de ti. Disfruta de este tiempo que únicamente te pertenece a ti. Disfruta de la pesadez que te produce tu cansancio. Te sientes llevado. E imaginas: «Ahora no estoy obligado a hacer nada. Simplemente, existo, estoy aquí». Después te sientes a ti mismo. No tienes que estar en forma. Puedes disfrutar de tu cansancio. Cuando, finalmente, suene el despertador, puedes estirarte, y es de esperar que puedas también incorporarte completamente relajado. A continuación te apetece hacer lo que en casa se espera de ti: dedicarte a tus hijos, a tu pareja o a las tareas domésticas que exija de ti el cuidado de la casa. O tal vez tengas ganas de asistir a un concierto o de ir al cine.*

*

*Yérguete con los pies separados en paralelo con las caderas. A continuación, imagina que las plantas de tus pies echan raíces cada vez más profundas en el suelo, como un árbol que hunde sus raíces en la tierra. Siente tu centro en el espacio de la pelvis. Y ahora imagina que el cuerpo se abre hacia arriba como un árbol, como si desde lo alto Dios tirase de ti. De la misma manera que un árbol desarrolla su copa, ábrete al cielo. Como un árbol, que no pregunta por qué está erguido o ante quién debe mantenerse siempre en esa postura vertical. Tú estás de pie simplemente para ti mismo. Si quieres, puedes recitarte frases como estas: «Tengo capacidad de aguante. Puedo resistir lo que sea. Tengo mi propio punto de vista. Yo respondo de mí. Tomo partido por mí mismo». En esta postura erguida crece la autoconfianza. Dejas de someterte a presión. No tienes que probarte a ti mismo. Simplemente, estás ahí: existes. Y está bien que así sea. Si quieres, también puedes recitar lentamente para ti mismo algunos versículos de los Salmos: «Deja que el Señor se cuide de ti. Él te conserva a salvo». O también: «Tengo siempre al Señor en mi presencia. Con él a mi derecha no vacilo». Seguramente, el hecho de estar de pie te va a permitir entrever más fácilmente la realidad que contienen estos enunciados: De pronto, en Dios me siento seguro, lleno de confianza y agradecido por el valor que Dios me reconoce y tengo para Él.*

# 3

# Imágenes de nosotros mismos que nos agotan

## *Imágenes demasiado elevadas para mí*

SI analizamos más detenidamente las cinco causas del *burnout*, comprobamos que en último término siempre nos encontramos con imágenes negativas que nos hacemos de nosotros mismos en una situación agobiante, imágenes que son responsables de nuestro agotamiento o lo refuerzan, y que finalmente es el que desencadena la enfermedad. Se puede afirmar que el *burnout* es siempre además un hecho relacional. Es algo que tiene que ver con la relación que tengo conmigo mismo y con los demás. Y esta relación se expresa en imágenes. Tiene que ver con representaciones que me he formado de mí mismo y de mi vida, pero también con representaciones que me he hecho de otros. Tiene que ver con las idealizaciones con que yo vivo inconscientemente. Y depende de lo que yo espero de la vida y de lo que los demás esperan de mí. A continuación, me gustaría describir algunas de las imágenes que más bien favorecen el *burnout*. Seguramente, la lista podría ampliarse. Lo importante es ver cómo funcionan y qué repercusión tienen en nuestro estado de salud. Únicamente así será posible controlar su impacto.

Para empezar, están las imágenes personales que me agotan: la imagen del perfeccionista, la imagen del ambicioso, la imagen de quien «contenta a todos y en todo»... Pueden resultar imágenes demasiado elevadas para mí. El psiquiatra suizo Daniel Hell, que ha investigado ampliamente el tema, afirma que las depresiones –y a menudo el *burnout* presenta aspectos depresivos– son muchas veces un grito de auxilio del alma frente a las imágenes demasiado positivas que tenemos de nosotros mismos. Con estas palabras se refiere, por ejemplo, a aquellas imágenes que nos obligan a ser siempre perfectos, o a estar siempre de buen humor, o siempre tranquilos, o a representaciones que nos obligan a tener éxito en todo cuanto hacemos, a tenerlo todo bajo control, a verlo todo positivamente... Si acudimos al trabajo con una imagen de nosotros mismos excesivamente positiva, ello implica que a la larga vamos a vivir sometidos a una fuerte presión. Vivimos permanentemente angustiados, por temor a estrellarnos, a no ser capaces de hacer realidad esa imagen. Por otra parte, estas imágenes son a menudo especialmente solicitadas: la persona siempre eficiente, el individuo disponible en todo momento, el trabajador creativo en muchos terrenos y con aguante... Como se ve, imágenes como estas son las que en los anuncios de oferta de empleo se presentan como perfiles ideales del trabajador deseado.

### *Pretender complacer a todos*

En la mayoría de los casos, la imagen de pretender complacer a todos se va formando a lo largo de la vida. En la familia solo se apreciaba el que alguien quisiera y pudiera complacer a todos. En el contexto familiar, esta imagen de una vida en armonía es perfectamente asumible. Hasta cierto punto, consigue aunar los deseos de los padres y de los hermanos. Sin embargo, ya en la escuela esta imagen puede ser muchas veces causa de conflictos. Recuerdo a una alumna a la que siempre le había ido todo muy bien, pero que de pronto cayó en el más absoluto fracaso escolar. Todo empezó de manera perfectamente «normal»: le gustaba estudiar y obtenía buenas notas. Quería complacer a todos: a los profesores, a los padres y a sus condiscípulos. Sin embargo, en este campo ampliado de exigencias, en un determinado momento las cuentas empezaron a no cuadrar. Hasta cierto punto, las expectativas de los padres y de los profesores iban en la misma dirección. Pero cuanto más deseaba la alumna satisfacer tales expectativas, tanto más claramente era señalada y rechazada por sus compañeros de clase como «empollona». A consecuencia de esta situación, la joven perdió de pronto todo interés por el estudio, y su rendimiento escolar cayó en picado. La imagen que ella tenía de sí misma no se había abierto. Al principio había sido para ella un impulso, pero después la había empobrecido y le había arrebatado toda su fuerza. Las expectativas de los padres y de los condiscípulos eran incompatibles. Ella no vio posibilidad alguna de satisfacer simultáneamente las expectativas de unos y de otros, y esto la agotó interiormente.

### *Desgarrado por las expectativas de los demás*

Parecido poder destructivo tiene la siguiente imagen: «Ojalá pueda yo satisfacer todas las expectativas que otras personas han puesto en mí». Si cumplo las expectativas de mi entorno, seré amado y reconocido. Como tal, la imagen de satisfacer todas las expectativas es también un buen acicate. Pero, por una parte, esas expectativas pueden resultar demasiado elevadas. En tal caso, se convierten en un peso que cargo sobre mis espaldas, y tengo la sensación de que no voy a ser capaz de cumplir tan exageradas expectativas, lo cual me paraliza y me roba las energías. Por otra parte, las expectativas de diversas personas son a veces contradictorias. En la empresa, las expectativas de los compañeros de trabajo son distintas de las expectativas del jefe. Una vez más, esto representa para mí una fuente de conflictos. Mi imagen me desgarra interiormente, porque me es imposible satisfacer a la vez las expectativas de ambas partes. Y muchos individuos que tratan de satisfacer las expectativas de su jefe y de sus compañeros de trabajo entran en conflicto con las expectativas que han depositado en ellos sus respectivas familias.

Este desgarramiento provocado por la diversidad de expectativas pueden vivirlo precisamente personas comprometidas que forman parte de distintos grupos de profesionales. Por ejemplo, entre los profesionales de la enseñanza, algunos profesores pueden sentirse divididos entre las barreras de la burocracia de los gobiernos, las exigencias y expectativas de unos padres ambiciosos y las necesidades reales de los alumnos. Personalmente, compruebo esta situación interior sobre todo en el caso de sacerdotes a los que asesoro. No es que estos trabajen necesariamente más que hace treinta años; pero si tienen que atender a varias parroquias, se ven expuestos a las más diversas expectativas. En una parroquia, los fieles esperan del sacerdote que los trate como a sus parroquianos predilectos; pero esta misma expectativa la tiene la parroquia de al lado. Con bastante frecuencia, dentro de la misma parroquia conviven diferentes expectativas. Hay, por ejemplo, grupos progresistas y grupos conservadores. Y todos ellos esperan que el sacerdote responda a la imagen de párroco tradicionalista o liberal que tiene cada grupo. Pero esta es una acrobacia que a la larga nadie puede permitirse. Algunos se esfuerzan durante algún tiempo en conseguirlo, pero luego experimentan una enorme decepción. Lo cierto es que, a pesar del empeño que ponen en ello y de su buena disposición, no logran cumplir tales expectativas. La gente no está contenta. Con el tiempo, estas decepciones acaban con las energías de esos sacerdotes. Muy a menudo, el afectado se hunde interiormente y cae en la depresión: puede hacer lo que quiera, pero nunca logrará satisfacer las diferentes expectativas. Debe despedirse de esa imagen. Toda despedida es dolorosa, y en este caso pasa por el reconocimiento de que sus imágenes han dejado de ser apropiadas. Como si de una celebración de duelo se tratara, este reconocimiento le permite penetrar hasta el fondo de su alma, donde puede buscar la imagen que realmente responde a su propia esencia y que no se limita a reflejar las expectativas de los demás.

Tratándose de empresas familiares, el hijo o la hija que van a suceder al padre al frente del negocio han de hacer frente a menudo a expectativas que representan para ellos una sobrecarga. Están, por una parte, las expectativas del padre, que desearía que el negocio se llevase como él mismo lo ha llevado con éxito hasta entonces. Por otra parte, están las expectativas de los colaboradores, que proyectan en el sucesor la imagen que tenían del padre. Si el sucesor trata de cumplir únicamente las expectativas del padre, en algún momento perderá su propia fuerza, porque su vida no se nutre de su propia fuerza ni de la imagen que realmente responde a su persona. Y si quiere cumplir todas las expectativas de los colaboradores, se verá también sobrecargado. Lo cual no significa que deba mostrase indiferente a las expectativas del padre o de los colaboradores. Su obligación es observarlas. Pero, al mismo tiempo, también debe estar atento a la voz que resuena en su interior: ¿Qué expectativas puedo y quiero cumplir y cuáles no? Debo sentirme libre para responder a todas esas expectativas como a mí me parezca más correcto. De lo contrario, las expectativas se convierten en una carga. Por una parte, es positivo que tanto el padre como los colaboradores hayan puesto en mí sus expectativas. Me creen capaz de algo. Con este gesto me muestran también respeto. Pero, por otra parte, debo conquistar mi propia libertad interior para poder llegar a sentir: dirijo la empresa como corresponde a mi forma de ser. Imprimo en ella mi sello personal. Naturalmente, esto requiere inteligencia. El sucesor que lo pone todo patas arriba no hace más que crear inquietud y resistencia. Y si con su diferente estilo de dirección el sucesor desvaloriza al padre y da a entender que todo lo que este hizo estuvo errado, terminará perdiendo el respeto de sus colaboradores. Solo si empiezo valorando y respetando el estilo de mi antecesor puedo vivir también yo de acuerdo con mi propio estilo.

### *Imágenes de uno mismo demasiado pobres*

También una imagen demasiado pobre de mí mismo pueden agotarme. Alguien se presenta al trabajo pensando si no será demasiado lento e incapaz de hacer lo que se espera de él. Este tipo de imágenes claramente peyorativas representan con frecuencia mensajes interiorizados que uno ha recibido de sus padres. El padre siempre le ha dado a entender que no es un auténtico hombre, que es incapaz de luchar y de echar una mano. O la madre le ha hecho saber que es demasiado lento, que es torpe y que está escasamente dotado para el trabajo. Estas imágenes peyorativas van a menudo acompañadas de la excesiva valoración de otros: los demás lo hacen todo mejor, se hacen cargo más rápidamente de los problemas, son más ágiles en el trabajo.

Otros acuden al trabajo pensando: «¿Qué me deparará este día? ¿En qué conflicto me veré hoy implicado?» Estas personas están obsesionadas con los sucesos negativos, que luego viven a menudo también en la realidad. En psicología se habla en estos casos de profecías que se cumplen a sí mismas. Quien acude al trabajo con la sensación de que todo va a salirle mal, de que va a chocar con su jefe o con sus colaboradores, es probable que acabe viviendo tal experiencia. Muchos justifican sus pensamientos negativos afirmando que de esa manera tampoco podrán quedar decepcionados después. En cambio, no perciben hasta qué punto les paralizan estos pensamientos negativos. Hay quien lleva dentro de sí la imagen de la catástrofe que le amenaza. En último término, soy yo quien acude al trabajo con un estado de ánimo catastrófico. Y luego todo se convierte en catástrofe. Cada uno de los pequeños errores parece una auténtica tragedia. Y en presencia de cualquiera de ellos, uno teme que todo acabe mal.

### *Cuando la montaña parece demasiado alta*

Otros han interiorizado imágenes que agrandan la dificultad de la tarea que han de llevar a cabo. Está, por ejemplo, la imagen de la montaña que tienen ante sí: una montaña de trabajo difícilmente superable, una montaña de problemas. Si estas personas asisten a una reunión, se llevan consigo la imagen de la montaña. Todo pesa sobre ellos como una montaña que no pueden superar. Las fábulas conocen esta imagen de la montaña, que nos coloca frente a tareas poco menos que inabordables. A menudo aparecen entonces animales que ayudan a nivelar la montaña. También la Biblia aprovecha la imagen de la montaña. Jesús la utiliza precisamente para liberarnos del peso de tales imágenes. «Os aseguro que si uno, sin dudar en su corazón, sino creyendo que se cumplirá lo que dice, manda a esa montaña que se quite de ahí y se tire al mar, lo conseguirá» (Marcos 11,23). La fe y la confianza de que para defenderme no cuento solo con mis propias fuerzas, sino que estoy en contacto con una realidad superior, hace que la montaña se vuelva más pequeña. Por lo que a mí respecta, pierde su dimensión de realidad inmensamente poderosa, y de esa manera desaparece la amenaza que representaba para mí. Es una consecuencia de la confianza. Todos sabemos que en la confianza se esconde una fuente de energía: No solo en la confianza en las propias fuerzas, sino también en la confianza en los demás. La investigación cerebral ha comprobado que una relación basada en la confianza consigue que las cargas no resulten tan pesadas o que incluso puedan desaparecer. En el periódico *Süddeutsche Zeitung* se informó del estudio llevado a cabo por el investigador del cerebro James Coan, de la Universidad de Virginia, con el siguiente resultado: en una excursión por la montaña, la subida les había parecido a los participantes tanto menos pronunciada cuando más asiduamente y mejor conocían al amigo o compañero que los acompañaba. Cuando frente a nosotros se alzan montañas, tanto en sentido literal como figurado, no solo es saludable confiar en las propias fuerzas y en personas próximas a nosotros, sino también en la ayuda de Dios. Si antes de asistir a una reunión que preveía complicada he podido hacer un momento de oración, personalmente dejo de estar tenso durante la misma. No me encuentro ya ante una montaña que me abruma. La oración crea confianza e incluso, en un sentido literal, puede «mover montañas». De esa manera, puedo ir a la reunión con otra imagen. Concretamente, esta: «No estoy obligado a solucionarlo todo. Me he preparado bien; aunque, por otra parte, veo todo lo que se me viene encima; pero confío en que Dios todo lo conduzca a buen puerto y en que también a mí me inspire ideas que conduzcan a una solución».

### *La rueda de hámster interior*

Hay muchas imágenes que nos paralizan y nos roban las energías. Por ejemplo, un gestor acude al trabajo con la imagen de la rueda que da vueltas incesantemente movida por un hámster. También es una imagen que acaba agotando a quienes la interiorizan. Su significado es el siguiente: «Ya puedo patalear todo lo que quiera, que no consigo avanzar ni una pulgada. Corro como en una rueda de hámster: la rueda gira libremente, pero sin ningún resultado práctico. Mi trabajo no persigue ningún objetivo. Nunca concluiré mi tarea, no veo ni un final ni un éxito posibles. Termino una sesión para pasar a la siguiente. Todas las sesiones parecen importantes, pero de alguna manera todo permanece vacío. Es una carrera en una rueda de hámster. Esta imagen expresa acertadamente la experiencia del sinsentido de mi activismo y de sus respectivas consecuencias».

En psicología se habla de «impulsores internos», como «¡Sé rápido!, ¡Sé perfecto!, ¡Sé afortunado!» Estos impulsores nos incitan a aceptar cada vez más trabajo. Y nosotros nos obligamos a realizarlo cada vez con mayor rapidez, con mayor efectividad y en mayor cantidad. Con frecuencia, las empresas se aprovechan de estos impulsores, elevando cada año los índices de productividad que deben alcanzar sus empleados. Pero algún día hay que decir «basta». No se puede obligar a las personas a mejorar indefinidamente su rendimiento. El ser humano no es una máquina que admita continuas adaptaciones para aumentar su productividad. Tiene su medida, que no puede ser sobrepasada. Sin embargo, los impulsores internos se convierten en una exigencia de la economía empresarial: la ganancia debe verse incrementada cada año; el rendimiento tiene que ser cada vez mayor; la empresa debe crecer sin parar... Un empresario que había organizado su empresa sobre unas bases un tanto idealistas me contó cómo se había sentido abrumado por esta presión de la necesidad perentoria de crecer cada vez más y de manera indefinida. Ahora cuenta con buenos colaboradores, comprometidos con la empresa. Siempre tratan de percibir nuevas posibilidades en el mercado. Pero esto significa crecimiento, que, a su vez, significa buscar nuevos créditos para que la empresa pueda crecer. Sin embargo, ni siquiera la cantidad de la deuda que una persona puede contraer debe verse como un problema exclusivamente económico-empresarial. Yo estoy obligado a tener en cuenta también mi propia capacidad y la historia de mi vida. Hay personas para quienes las deudas no representan ningún problema. Las ven exclusivamente desde el punto de vista de la economía de la empresa. Sin embargo, para otras personas son abrumadoras. En la historia de sus familias tienen un impulsor interno que les dice que, a ser posible, hagan negocios sin endeudarse. Para muchas familias las deudas son algo inmoral: hacen que a uno le remuerda la conciencia. En cambio, para otras familias las deudas son expresión de su propia desmesura. Estas personas se ven atrapadas en deudas cada vez mayores, hasta que, finalmente, un buen día no pueden pagarlas. Las deudas se amontonan. Las personas de estas familias sienten que los créditos con que tiene contar la empresa les traen a la memoria el caos de las deudas de su propia familia. Por eso, cuando repasan sus propias deudas, les invade el miedo.

*No todo el mundo puede ser siempre el mejor*

Algunos expertos en técnicas de motivación tratan de convencer a ejecutivos y colaboradores de que deben ser siempre los mejores. Personalmente, esta imagen me parece realmente perniciosa, porque, para empezar, no es en absoluto realista. No todo el mundo puede ser el mejor. Es una imagen que proviene del deporte. Todo deportista quiere, naturalmente, ganar. Pero solo el deportista que también sabe perder es un buen deportista. Para quien únicamente piensa en la victoria, el quedar segundo o tercero en una competición, por haber corrido una centésima de segundo más lento que el primero, supone un fracaso. Hoy día, en el mundo del trabajo hemos importado las imágenes de los campeones del deporte. Por desgracia, esto hace que muchas personas estén sobrecargadas. En la antigua República Democrática Alemana había muchos antiguos deportistas inválidos, porque a los profesionales del deporte se les exigía un alto rendimiento sin tener en cuenta su salud. Quienes no alcanzaban esos niveles quedaban marginados. Algo parecido sucede hoy en algunas empresas. Muchos trabajadores han interiorizado la imagen de estos campeones deportivos. Y si no están a la altura de lo que les exigen sus propias imágenes, recurren –como los deportistas, por lo demás– a los estimulantes. Consumen psicofármacos u otros medios que les permitan mejorar el rendimiento. A menudo, solo el que se queda atrás es el perdedor, incapaz de familiarizarse con ese rol.

El «*citius, altius, fortius*» (más rápido, más alto, más fuerte) del deporte pasa de este a todos los ámbitos de la sociedad, incluido el mundo del trabajo. Muchos han interiorizado estas imágenes, con las que en realidad se están autolesionando. En una encuesta realizada entre deportistas norteamericanos de élite se les preguntó si para obtener una victoria olímpica estarían dispuestos a sacrificar dos años de su vida. La mayor parte de los encuestados respondió que sí. Evidentemente, tal actitud no se ha difundido tan solo en el deporte de alta competición, sino también en el mundo del trabajo. También aquí son cada vez más los que se esfuerzan por ganarse la admiración del público. Estas personas están literalmente dispuestas a sacrificar algunos años de vida a cambio del éxito profesional. A veces, por desgracia, también estos individuos se quedan en nada. Las imágenes excesivas les han destruido. En este terreno hay que ser siempre muy claro: cada cual decide qué valores son los que quiere que presidan su vida. Y en alguna medida todos podemos también decidir cuáles son las imágenes que queremos que tengan vigencia en nuestra vida.

### *La avidez insaciable puede ser agotadora*

Como ya hemos visto, determinadas imágenes personales pueden agotarme; pero este efecto negativo lo tienen también imágenes que me son impuestas desde fuera: por ejemplo, imágenes que se han generalizado en una empresa y terminan marcando el comportamiento global de la entidad. Muchas empresas han interiorizado, por medio de campañas reiterativas y cada vez más amplias, imágenes como estas: crecimiento continuo, maximización de ganancias, incremento de la cifra de ventas... Y estas imágenes de la empresa acaban afectando y sobrecargando a los colaboradores. Con frecuencia, la empresa las difunde después utilizando un lenguaje sensacionalista: «El jefe exige cada vez más mayor compromiso». «Todavía no hemos alcanzado la cota máxima a que podemos aspirar». «Todavía es posible mejorar»... Esta avidez de las imágenes escogidas por la empresa para darla a conocer absorbe energía a los colaboradores, que en algún momento pierden las ganas de trabajar. Tienen la sensación de que nunca pueden contentar al jefe. Incluso un año, en que había mejorado la productividad de la empresa, se recordó a los trabajadores que debían superarla al año siguiente. Este afán desmedido de producir «cada vez más» y de ir «cada vez más lejos» es una imagen que representa una sobrecarga para los empleados y les quita las ganas de trabajar.

Muchas empresas han introducido el sistema de retribuir con salarios condicionados a la productividad. Determinadas prestaciones se premian con «bonos» especiales. Pero a menudo las empresas ponen el listón tan alto que solo a duras penas se supera; o, si se supera, es a costa de un enorme gasto de energía. A pesar de todo, estos objetivos que se ponen como pretexto son siempre tentadores. Y si alguien se propone luego alcanzarlos, no es raro que ello le suponga un agobio excesivo. Por otra parte, si no logra superar ese listón tan alto, se verá desvalorizado, y él mismo se sentirá fracasado. Más que estimular, todas estas experiencias paralizan.

### *Impulsores que bloquean*

Los impulsores internos, de los que habla la psicología, han sido utilizados a menudo en la familia de origen como medios de educación. Muchas de nuestras imágenes interiores, de las que apenas somos conscientes, llevan el cuño de la tradición de nuestras familias. A menudo se trata de frases hechas o proverbios que, al repetirse una y otra vez, han quedado impresos en el alma del niño. Tales frases, convertidas hoy en impulsores que podrían sobrecargarme, son, por ejemplo: «No hay atajo sin trabajo»; «Quien no trabaje, que no coma»; «Haz algo y serás alguien»... Si estas frases resonaron un día machaconamente en mis oídos, si se fijaron en mi alma en forma de imágenes que me acompañan desde entonces, aunque no sea consciente de ellas, mi pensamiento y mi acción siguen estando hoy marcados por su impronta. Algunas de estas imágenes pueden ser impulsos absolutamente positivos que, por ejemplo, me ayudan a salir de una fase de indolencia. Pero también pueden convertirse en cargas muy difíciles de soportar. Conozco a individuos que no se permiten el más mínimo respiro y que son incapaces de disfrutar de un momento de descanso. Piensan que siempre deberían estar haciendo algo. De lo contrario, no son nada. Se sienten obligados a prestar alguna clase de servicio en cada momento, porque de lo contrario los demás podrían decir que no pega golpe y que vive como un rajá. Muchas personas han interiorizado este deber-hacer como una coacción interior. Si no hacen nada, se sienten inútiles. Y luego se sienten angustiadas por el juicio que de ellas se formen los demás. Con el tiempo, estas imágenes interiorizadas nos roban tiempo y energías. Además, nos bloquean y, en un determinado momento, pueden llegar incluso a paralizarnos, conduciendo inexorablemente al *burnout*.

## RITO

*Siéntate cómodamente en una silla. Cierra los ojos y escucha la voz que resuena en tu interior. ¿Qué impulsores internos piden la palabra dentro de ti? ¿Qué imágenes emergen dentro de ti que te agobian y te sobrecargan? Deja que los impulsores y las imágenes emerjan tranquilamente. Obsérvalos dentro de ti y habla con ellos. Diles, por ejemplo: «Sí, impulsor X, imagen X, durante mucho tiempo me has prestado un gran servicio. Me has ayudado a avanzar en mi camino. Pero ahora querría despedirme de ti. Porque siento que no me prestas ya ningún servicio positivo. Seguramente aparecerás todavía a menudo dentro de mí. Te percibo, pero en este momento decido quedarme con otra imagen, con otra frase, que hoy pueda hacerme bien». Continúa luego escuchando dentro de ti. ¿Emergen ahora imágenes buenas que puedas contraponer a las anteriores imágenes negativas? ¿Emergen otras frases o proverbios que te permitan hacer algo, en lugar de impulsarte? Si no emerge ninguna imagen o frase positiva, pregúntate, con la mejor disposición posible a actuar: ¿Qué podría ayudarme? ¿Qué imagen me gustaría contraponer a las imágenes negativas y cómo podría responder a los impulsores?*

*

*Otro rito que también me gustaría sugerirte puedes llevarlo a cabo en medio del ajetreo de la vida de cada día: cuando en tu despacho tienes la sensación de que se te amontonan los asuntos; o cuando vas con-*

*duciendo y el tráfico ruge a tu alrededor; o cuando esperas el autobús; o mientras cocinas o realizas otros trabajos domésticos.*

*Detente durante un instante y recorre tu cuerpo, desde la cabeza, pasando por el corazón, hasta el fondo de tu alma. Este fondo del alma no puedes localizarlo en el cuerpo. Imagínate, simplemente, que diriges tu atención al vientre, al lugar aproximado donde se detiene el aliento entre inspiración y espiración.*

*Imagínate que ahí, en esa profundidad de tu cuerpo, todo en ti está tranquilo y en silencio. Y luego, a partir de esa quietud interior, observa todo lo que se mueve en el exterior: las llamadas, los deseos de los colaboradores, los numerosos correos que te esperan, las preguntas de los hijos...*

*Haz una breve pausa. Y luego, a partir de ese centro de ti, reanuda de nuevo las actividades que traes entre manos en ese momento. Sentirás que puedes realizarlas de otra manera. Tu ocupación no te saca de esa quietud interior que has experimentado. No estás ya en la rueda de hámster, sino en el centro de ti mismo.*

# 4

# Imágenes de relaciones malsanas

## *Imágenes que nos formamos de los demás*

No solo llevamos imágenes de nosotros mismos en nuestro corazón. También nos formamos imágenes de otras personas. En realidad, no podemos dejar de hacerlo. Siempre que conozco a una persona, se forma en mi interior una imagen de la misma. Nos imaginamos al otro. No podemos evitarlo. En principio, esto no es malo. Pero sucede que luego tomamos conciencia de estas imágenes. Y entonces podemos reconocer si la imagen que tenemos del otro nos ayuda a descubrir sus capacidades y su dignidad o si, por el contrario, nos impide conocerlo en su singularidad y peculiaridad. Hay en nosotros imágenes que fijan al otro y lo sitúan en un determinado marco. A menudo, estas imágenes se convierten en prejuicios que no le dejan al otro posibilidad alguna de vivir su propia verdad. Nosotros le asignamos una determinada imagen que lo fija para nosotros. Le forzamos a acostarse en un «lecho de Procusto». Según el mito griego, Procusto era un salteador y posadero que obligaba a todos los huéspedes a acostarse en el lecho que les ofrecía. A aquellos a quienes, por su baja estatura, la cama les resultaba demasiado grande les estiraba violentamente los miembros para que se adaptasen a las dimensiones del lecho. Y a aquellos otros que por su gran estatura no cabían en el lecho les recortaba los miembros. Ni unos ni otros tenían posibilidad alguna de sobrevivir. Este relato nos muestra el efecto que pueden tener nuestras imágenes. Si la imagen que nos hemos formado del otro lo representa demasiado pequeño, le estamos impidiendo vivir su vida. Y si nos lo presenta demasiado grande, también le estamos causando daño. Es imposible hacerse una idea exacta de la auténtica capacidad de una persona si únicamente nos fijamos en una de sus cualidades –sobre todo si, como sucede con bastante frecuencia, se trata de la dimensión negativa de esa persona, de algo que a nosotros nos falta, de algo de lo que carecemos.

Las imágenes y representaciones del otro que llevamos en nuestro interior no solo dejan su huella en la convivencia que puede darse dentro de un pequeño grupo humano. Marcan también a nuestra sociedad, donde las imágenes de los individuos humanos se superponen unas a otras. Y de estas imágenes depende que los individuos sean reconocidos o no. Esto puede llevar tan lejos que algunos decidan no volver a decir cuál es la profesión que ejercen, porque su imagen profesional no está ya de moda en la sociedad actual. Sin embargo, a todos nos gustaría gozar de buena consideración, ser debidamente estimados. De ahí que a veces se niegue la propia profesión, o se inventen imágenes de la misma más acordes con los valores imperantes en ese momento. Difícilmente encontraremos hoy a una mujer que, trabajando como limpiadora de unas oficinas o de un domicilio particular, se atreva a reconocer en público que es una mujer de la limpieza. Preferirá decir que es «encargada de la limpieza», o que trabaja en la «economía doméstica». Incluso en un monasterio, a más de uno le gustaría que sus ocupaciones gozaran de una mayor consideración y una mejor imagen. Cuando mi tía, que antes de entrar en el monasterio era profesora, empezó a mostrar síntomas de demencia, le asignaron la tarea de ayudar a pelar las patatas en la cocina. En esas circunstancias, un huésped le preguntó cuál era su actividad en la comunidad monástica, a lo que ella respondió: «Colaboro en la construcción concreta del monasterio». Incluso en su demencia, necesitaba designar su actividad con una imagen que a ella la dejase en buen lugar a los ojos de los demás.

### *Valoraciones y proyecciones*

Me gustaría examinar a continuación algunas de las imágenes que nos hacemos del otro, que incluyen siempre una valoración de su persona, una valoración que a menudo realizamos inconscientemente. De ahí que sea tan importante tomar conciencia de estas imágenes para luego poder modificarlas. Quiera o no quiera, yo me formo una imagen del otro. En cualquier caso, como persona responsable que debo ser, he de estar siempre dispuesto a poner en tela de juicio esa imagen y a esforzarme por conocer más a fondo a la persona en ella representada, a imaginar quién es realmente y averiguar cuál es su auténtica forma.

El jefe se crea una determinada imagen de sus colaboradores, y estos, a su vez, se forman una imagen de su jefe. De estas imágenes depende también en parte la calidad del trabajo que realizan juntos y la vivencia que cada cual tiene del trabajo en cuestión. Las imágenes que yo me formo del otro se graban también inconscientemente en él. La psicología habla de proyecciones que superponemos al otro y que luego pueden empañar su propia autoimagen. Estas proyecciones se producen, ante todo, en la familia, donde a menudo el padre no ve a su hijo como la persona única y singular que es, sino que proyecta en él todo cuanto él mismo no ha tenido ocasión de vivir. Pero si luego el hijo trata de compensar estas carencias del padre, muchas veces se siente excesivamente exigido. Tiene que asumir una imagen de sí mismo que no corresponde a su verdadera manera de ser. A su vez, la madre no ve a su hija como la persona única e irrepetible que es, sino que proyecta en ella sus propias expectativas e incluso sus angustias y temores. A veces, lo que la madre transmite a la hija es su propia inseguridad como mujer. Esta autoimagen insegura de la madre influye en la autoimagen de la hija y constituye un obstáculo para el desarrollo de esta última. Otra posibilidad es que le transfiera deseos exagerados: la hija debe satisfacer el deseo de la madre de que sea una mujer fuerte, de manera que incluso en su proyección exterior muestre esta cualidad, cosa que ella misma no hizo nunca realidad en su vida. En otras ocasiones, es la madre la que proyecta sus propias imágenes en el hijo; o es el padre el que transmite a la hija –es decir, la «dota» para la vida– representaciones suyas. A menudo, la madre ve en el hijo a un príncipe, y el padre ve en la hija a una princesa. Sin embargo, estas imágenes no benefician a los hijos en absoluto. Más tarde, cuando vayan a la escuela, constatarán que no son ni príncipe ni princesa, sino que tienen que vérselas con sus compañeros de clase y afirmarse ante ellos.

### *El jefe y sus colaboradores*

De las imágenes que hayamos adquirido en la familia dependen también las imágenes que luego vamos a proyectar en los demás. En el caso, por ejemplo, de un jefe que pasa por alto o disimula todos sus defectos o carencias, la mediocridad que experimenta en sí mismo la proyecta en sus colaboradores. Es más, ve en estos los defectos que él mismo tiene, pero que sistemáticamente se niega a admitir. Se vuelve suspicaz y ve en la conducta de sus colaboradores fallos que en realidad son inexistentes. Los colaboradores tienen la sensación de que les resulta imposible estar de acuerdo con el jefe. Pueden hacer y rendir todo lo que quieran, que para el jefe siempre será menos de lo necesario, porque este proyecta sus propias carencias y su mediocridad en sus colaboradores. Y así, en todo cuanto estos hagan hay algo defectuoso. De ahí que los colaboradores se muestren insatisfechos y con bastante frecuencia se vean paralizados por esta sensación. Los jefes que tienen complejo de inferioridad y que suelen plantear duras exigencias a los demás, aunque a la vez ellos mismos se sientan débiles, necesitan empequeñecer a sus colaboradores. Pueden incluso no reconocerlos. Están obsesionados con sus errores y debilidades, que señalan sin miramiento, con el fin de desviar la atención de su propia hipotética inferioridad. Tales jefes son nefastos para sus colaboradores, a quienes subestiman continuamente. De cara al exterior, a menudo hacen gala de un enorme ego: solo ellos son buenos, mientras que los demás apenas tienen valor. Y si luego los colaboradores no tienen una buena autoimagen, asumen como propia la imagen de la inferioridad que el jefe les encasqueta. Más entre los colaboradores que entre los jefes, esta dinámica desemboca después a menudo en el *burnout*.

La desconfianza de algunos jefes con respecto a sus colaboradores conduce a un comportamiento excesivamente controlador. El jefe vigila minuciosamente el trabajo de sus colaboradores y reduce el ámbito de competencia de estos, que cada vez se sienten menos eficaces, aunque siguen teniendo que responder a unas expectativas desmesuradas. Propiamente hablando, lo que el jefe proyecta en sus colaboradores es su propia autodesconfianza. El jefe no confía en sí mismo. Si no se sintiera observado o presionado interiormente, preferiría no matarse trabajando. Si fuera un empleado, trataría de obtener ventajas para sí mismo. Todo cuanto él arrastra consigo lo proyecta en sus colaboradores, que reaccionan encerrándose en sí mismos. La sensación que estos tienen es que el jefe lo ve todo a través de unas oscuras lentes teñidas de recelo, que no dejan ver las prestaciones que efectivamente realizan los empleados.

Una de las obligaciones que pesan sobre el jefe consiste en comprobar una y otra vez la imagen que él mismo se vaya formando de cada uno de sus colaboradores: ¿Dónde proyecto personalmente mis propias autoimágenes negadoras de los demás? ¿Dónde aparece desfigurada mi visión de las cosas por servirme de unas lentes tenidas de recelo o claramente hostiles? Además, he de intentar olvidarme de mis propias ventajas y tomar conscientemente en consideración a cada uno de los colaboradores. ¿Qué veo en él/ella? ¿Cómo es él/ella realmente? ¿Qué carácter demuestra tener? San Benito invita a sus monjes a ver siempre a Cristo en sus hermanos de hábito, e incluso en los hombres y mujeres que visiten el monasterio. Para conseguir este objetivo se necesitan otras lentes: las de la fe. No se trata de unas lentes que te hagan ver el mundo de color de rosa. Más bien, son unas lentes que te permiten ver a través de una fachada en ocasiones nada vistosa y te ayudan a descubrir el núcleo bueno existente en cada hombre y en cada mujer. Esta nueva visión de los demás transforma a quien la practica. Ahora podrá creer también en el bien que hay en él mismo. Con nuestras imágenes obligamos al otro a mantenerse a cierta distancia. Nuestras proyecciones ejercen cierta influencia sobre él. Por este motivo, es responsabilidad nuestra mirar al otro sin prejuicios y con unas lentes que inspiren confianza y confidencialidad. De esa manera, descubriremos e incluso fomentaremos sus capacidades y su núcleo positivo. En las empresas, esta actitud conduce a una cultura del aprecio recíproco y a un clima en el que también es posible mejorar el rendimiento de los trabajadores, porque ahora se toma nota y se valora todo aquello que es positivo. Lo cual no significa que en esas empresas se instale un «clima romántico». Al contrario: en ese contexto pueden y deben afrontarse también los aspectos negativos de la empresa.

## RITO

*Selecciona mentalmente a uno de tus colaboradores o colegas de trabajo y hazte una serie preguntas sobre él. ¿Qué ves en esa persona? ¿Qué te molesta de ella? ¿Qué aspectos de su manera de ser o de actuar te resultan poco atractivos? ¿Qué problemas te ocasiona? Intenta luego mirar detrás de la fachada: ¿Cómo le va cuando está sola? ¿Qué pensamientos ocupan más a menudo su mente? ¿Qué anhelos se esconden detrás de esos pensamientos? A continuación, trata de descubrir el núcleo más íntimo de bondad que se esconde detrás de la fachada. Como mínimo, en el fondo del alma de esa persona se esconde el an-*

*helo íntimo de ser buena, de ser feliz, el deseo de ser aceptada y querida. Trata de entrar en contacto con el anhelo y la nostalgia de tu colaborador. Y luego pregúntate qué es lo que necesita personalmente esa persona para que eso que hay en ella de positivo pueda desarrollarse.*

### *Los colaboradores y su jefe*

No es únicamente el jefe quien se forma imágenes de sus colaboradores, sino que cada uno de estos también se forma una imagen propia de su jefe. Y todas esas imágenes afectan a la relación que puede darse entre ambas partes. Las imágenes que los colaboradores se forman de su jefe se basan, naturalmente, en la conducta de este último. Siempre tienen una base objetiva. De todos modos, también aquí intervienen con frecuencia las proyecciones. Los colaboradores que, por ejemplo, arrastran un trauma paterno originado en la infancia miran al jefe condicionados por esa experiencia. Estos individuos experimentan una desconfianza básica con respecto a toda autoridad. Haga lo que haga o diga lo que diga el jefe, estos trabajadores verán fundamentalmente en sus palabras o en sus acciones un rechazo de sus propias personas. Ya se haya tratado de una declaración positiva o negativa, estos colaboradores interpretan que lo único que pretendían las palabras del jefe era dañarlos o confundirlos a ellos. Por su parte, las colaboradoras que no hayan conseguido superar un trauma relacionado con su madre, con frecuencia se fijan exclusivamente en si el jefe les ha prestado atención y en qué medida lo ha hecho, en cuánto tiempo les ha dedicado; en suma, si las mira y las percibe dentro de la empresa. Si el jefe se dedica a solucionar problemas reales, estas mujeres ven en ello una falta de interés por sus problemas personales. Como consecuencia, la imagen que tienen de él es la típica del gestor que únicamente se interesa por el tema del dinero. Sin embargo, a menudo esta imagen no responde a la realidad.

No son solo los traumas paternos y maternos los que pueden empañar la visión que cada uno de nosotros tiene de su jefe. A menudo es también el niño que llevamos dentro el que se siente herido cuando el jefe se comporta con nosotros como lo hicieran en su día nuestro padre o nuestra madre. Dentro de nosotros hay un niño al que no prestamos atención y que se siente permanentemente ignorado por su jefe, aunque este trate objetivamente a todos de manera parecida. Dentro de nosotros hay un niño agobiado que, ya desde muy pequeño, se vio obligado a responsabilizarse de la familia. Cuando el jefe nos asigna una nueva tarea, él grita. O tal vez el niño que hay en nosotros es de los que siempre salen perdiendo. En este último caso, sentiremos que también en relación con el jefe nos toca la peor parte, sobre todo si nos comparamos con otros que, a nuestro modo de ver, reciben más que nosotros.

A menudo, los comportamientos del jefe y las proyecciones que de él hacen sus colaboradores se mezclan. Los colaboradores se forman imágenes del jefe a base de rasgos concretos que seguramente él muestra, pero que de todos modos solo representan aspectos fragmentarios de su verdadera naturaleza. Por desgracia, si vinculan su persona demasiado estrechamente con una determinada imagen, ellos mismos están cerrándose la posibilidad de descubrir otras facetas de la personalidad de su jefe. Sencillamente, no las percibirán. Para unos, el jefe pasa por ser el típico hombre de acción, considerado incapaz de vivir y expresar sentimientos. Otros ven en él a un hombre sin escrúpulos a quien únicamente interesa el éxito. Otros le cuelgan la etiqueta de ser un hombre con complejo de inferioridad. Para otros es un blandengue: le gustaría contentar a todo el mundo, pero no tiene las ideas claras. Todas estas imágenes captan de ordinario un aspecto que forma parte de la esencia del jefe. Pero son aspectos parciales y fijan el concepto. Si la imagen que personalmente tengo del jefe es tan negativa, nunca seré capaz de establecer una buena relación con él, y ciertamente no podrá aumentar la confianza mutua.

RITO

*Reflexiona por un momento sobre el tema de tu relación con tu jefe, con tu superior. Pregúntate después cuáles son los antiguos modelos que te vienen a la memoria. ¿Tienes una visión objetiva del jefe? ¿O en tu concepción del jefe se mezclan el punto de vista del niño herido, del niño permanentemente olvidado, del niño agobiado, del niño que siempre sale perdiendo? ¿O tu visión del jefe aparece enturbiada por algún trauma paterno o materno que todavía no has superado? Escucha la voz que resuena en tu interior y pregúntate: «¿Qué recuerdos de mi niñez se abren paso en mis recuerdos cuando reflexiono sobre mi relación con el jefe?» Y a continuación trata de tranquilizar a todos los niños heridos que hay en ti y distanciarte de tus posibles traumas paternos y maternos. Finalmente, ¡mira al jefe con ojos limpios! ¿Qué ves entonces?*

*¿Cómo se forman estas imágenes?*

En muchas empresas, la imagen del superior –director, presidente o jefe– se forma a través de las conversaciones entre los colaboradores, que hablan de él en los momentos de pausa en el trabajo. A menudo, el cotilleo de las empresas desemboca en imágenes unilaterales. No se trata de conversaciones propiamente dichas, sino de habladurías en las que a menudo sale a colación todo tipo de ocurrencias sobre el jefe, en quien cada uno proyecta sus propios problemas, y de esa manera se va fijando una determinada imagen suya. Con frecuencia, esto obedece a intenciones absolutamente contrapuestas: en ocasiones, mientras por una parte se convierte al jefe en cabeza de turco, por otra se espera todo de él. Porque el jefe es como es, las cosas no pueden continuar así en la empresa. Con este discurso se quiere decir que los colaboradores atribuyen toda la responsabilidad al jefe. Sin embargo, este comportamiento es infantil. Porque en una empresa todos los trabajadores que la integran tienen su responsabilidad, cada cual en su puesto. Por lo tanto, todos pueden contribuir a mejorar el ambiente interno y a que el trabajo de la plantilla sea más exitoso. Con frecuencia, el jefe se convierte en una figura sobre la que se proyectan los problemas de los subordinados, en una especie de chivo expiatorio que carga con todas las culpas. En tales circunstancias, la tarea del jefe consiste en no dejarse encerrar en esas imágenes, convencido de que sus colaboradores son capaces de aprender y están dispuestos a cambiar incluso la imagen que tienen de él si se comporta de manera diferente. De todos modos, para combatir prejuicios fuertemente arraigados se requiere mucha paciencia. Solo así cabe esperar que los prejuicios se disuelvan poco a poco y que el jefe, con su comportamiento y sus palabras, logre implantar en el corazón de sus colaboradores una imagen de sí que responda verdaderamente a su naturaleza. En cualquier caso, esto únicamente se consigue con la práctica. Las palabras solas no bastan.

Las imágenes que el jefe tiene de sus colaboradores se forman, en principio, a partir de su propio modelo de vida, que él arrastra consigo, y a partir de la proyección que lleva a cabo el jefe sobre sus subordinados de sus propios aspectos de sombra reprimidos. Asimismo, se forman a menudo a través de los comentarios que los empleados más destacados de la empresa hacen acerca de sus colaboradores. También en este terreno puede suceder a menudo que los prejuicios se conviertan en imágenes comúnmente aceptadas. Los directivos deberían ser siempre muy cuidadosos con el lenguaje que utilizan. Si para referirse a sus colaboradores se sirven de palabras desdeñosas, lo más natural es que en sus oyentes se formen imágenes negativas de las personas aludidas. O simplemente se ratifican en sus prejuicios recíprocos. Las habladurías de los directivos empañan la visión que puedan tener de sus colaboradores. E inconscientemente influyen de manera negativa en las relaciones. En efecto, aunque los directivos se muestren aparentemente amistosos, los colaboradores notan instintivamente cómo piensan de ellos en realidad.

La misma o parecida importancia hemos de atribuir a las imágenes que los jefes o sus colaboradores se forman de los clientes. Cuando, en el transcurso de una entrevista, un colaborador del Banco Goldman Sachs se refirió a las valoraciones negativas que muchos dirigentes hacían de sus clientes, esta importante entidad norteamericana de crédito trató de relativizar tales afirmaciones a través de un portavoz oficial. Pero, evidentemente, las palabras del colaborador habían puesto nerviosa a la entidad bancaria. Y con razón, porque cuando los directivos hablan despectivamente de los clientes de su banco o empresa, sus palabras no se limitan a influir en el estado de ánimo de los trabajadores de la propia institución, sino que de ese banco o empresa se desprende una imagen negativa. Y, antes o después, los clientes de esas empresas cortan por lo sano y no permiten que continúen difundiéndose esas imágenes negativas que les afectan directamente. A la larga, la empresa en cuestión sufre las consecuencias, perdiendo a sus clientes. Un consejero empresarial que en casa hablaba siempre de los «estúpidos gestores» a quienes había dado algunos cursillos dejó de pronto de ser contratado para esta tarea. De alguna manera, lo que yo digo acerca de los demás irradia también sobre los interesados. Y, naturalmente, estos se protegen de mí. Las imágenes negativas influyen en mi vida interior, en el sentido de que pueden generar bloqueos dentro de mí. Pero su influencia se deja sentir también en el exterior, en el sentido de que siembran la desconfianza y acaban desembocando en el fracaso.

### RITO

*Examina tu forma de hablar de los demás, del jefe, de tus colaboradores y compañeros de trabajo. Detente a observar durante algún tiempo y con cierto distanciamiento tus palabras. ¿Dónde mezclas en tus palabras juicios y prejuicios? ¿Dónde haces juicios valorativos y dónde infravaloras? ¿Por qué te gusta tan-*

*to hablar de tal o cual persona? ¿Te trae tal vez a la memoria tus propios deseos y necesidades inconscientes? ¿Disfruta ella de algo que tú te prohíbes a ti mismo? ¿O te inquieta porque te hace pensar en tus propios traumas? Y a continuación imagínate: ¿Cómo me gustaría hablar a partir de hoy sobre esa persona en particular? ¿Y cómo me gustaría hablarle a ella? No tienes que controlar tus palabras. Pero está bien que cuides tu lenguaje y prestes atención a las palabras que utilizas.*

# 5

# Imágenes que nos dan alas

HAY imágenes que nos dan alas y nos conducen a un compromiso positivo, las cuales tienen, en mi opinión, tres distintas fuentes.

La *primera* fuente es una actitud positiva con respecto a lo que estoy haciendo. Depende de mí dar con una imagen que explique lo que hago en cada momento. Por las mañanas, cuando me dirijo al trabajo, necesito contar con una buena imagen que me dé alas durante la jornada.

La *segunda* fuente es la propia infancia. Allí donde, durante mi niñez, pude ocuparme sin llegar a cansarme y emprendí apasionadamente una actividad de la que pude disfrutar, descubro hoy una imagen capaz de iluminar mi trabajo.

La *tercera* fuente está representada para mí por las imágenes relacionadas con las diferentes profesiones. En cada profesión se esconde una imagen arquetípica. En alemán, *Beruf*, «profesión», está relacionada con *Berufung*, «llamada», ambos términos derivados de la raíz *rufen*, «llamar, designar». El equivalente estricto en español sería «vocación», de la raíz latina *vocare*, «llamar». Uno no ejerce o practica un «empleo», sino que abraza una profesión porque se siente llamado –dicho de otro modo: la profesión es a menudo una «vocación»–. Por eso me gustaría reflexionar en este capítulo sobre estas tres fuentes de imágenes.

### *Yo mismo decido lo que veo*

Yo mismo decido cómo veo lo que hago. Yo mismo puedo decidir también con qué imagen presento y justifico mi propio proceder. Mihaly Csikszentmihalyi informa de un interesante estudio realizado por él mismo. Durante años, observó la vida cotidiana de unos 1.000 niños y estudió su comportamiento. El experimento consistía en lo siguiente: «Los niños fueron provistos de un transmisor de señales que llevaban siempre consigo. Ocho veces al día, el transmisor emitía una señal a la que los niños debían responder inmediatamente, describiendo qué estaban haciendo en ese momento y si lo que hacían lo sentían más bien como un "juego" o como un "trabajo", o tal vez "ni como una cosa ni como la otra"» (p. 49). Los niños estuvieron siendo observados durante años. Al alcanzar la edad adulta, la vida acabó sonriendo a quienes en su infancia habían tomado como un juego o como un trabajo todo cuanto hacían. En cambio, a los que no habían visto ni una cosa ni otra en lo que hacían la vida les tenía reservada una serie de importantes problemas. Está en nuestras manos, por tanto, decidir cómo queremos tomarnos lo que hacemos: o bien como un pesado y difícil trabajo, o bien como un juego. La imagen que cada uno de nosotros se forma del trabajo depende de él mismo. En todo lo que hacemos grabamos una imagen. El tipo de imágenes que dejemos en lo que hacemos es decisión nuestra.

El psicólogo húngaro sintetiza el resultado de su investigación cuando dice: «La conclusión a la que llegamos después de largos años de pruebas fue que aquellos niños que no habían podido entender sus acciones ni como juego ni como trabajo habían experimentado más tarde muchas dificultades, y la mayoría se habían convertido en unos adultos aburridos, indolentes y desmotivados. En cambio, los niños que habían reconocido la relación dialéctica existente entre trabajo y juego –de acuerdo con el lema "¡Lo que hago ahora es bueno para mi futuro, pero además disfruto haciéndolo!"– habían llevado de adultos una vida plena. Para estos últimos, la contradicción entre trabajo y juego había desaparecido, lo cual había sido para ellos una fuente de felicidad en su vida» (pp. 50s).

Así pues, la primera forma de encontrar imágenes que me den alas para el trabajo depende de mi actitud actual. Aunque es verdad que personalmente puedo ver el trabajo de una u otra manera, la responsabilidad de contemplar bajo una buena imagen lo que pretendo alcanzar es mía. Las buenas imágenes me hacen descubrir un sentido en lo que hago, me permiten reconocer lo divertido. Me ofrecen una visión libre del margen de juego creativo que tengo en mi trabajo. De todos modos, a menudo debo descubrir primero donde se sitúa ese margen o espacio de juego.

## RITO

*Observa el trabajo que has realizado ayer. ¿Lo has vivido como un duro trabajo o como un juego? ¿Crees que podrías verlo también como un juego? ¿Cómo te lo imaginarías en tal caso? A continuación, piensa en el trabajo que te espera hoy. Y reflexiona acerca de cómo podrías ver en ese trabajo algo que haces con gusto. Imagínate que realizas tu trabajo profesional con la misma o parecida creatividad con que te tomabas los juegos cuando eras niño. Déjate llevar, simplemente, por la dinámica de la tarea que realizas, observa los resultados e intenta configurarlo todo creativamente. Y luego, al anochecer, pregúntate: ¿Me ha fatigado o me ha divertido el trabajo que he realizado hoy? Naturalmente, no se trata de que únicamente escojas para ti trabajos que te divierten. El arte consiste, más bien, en que logres organizar el trabajo que te encomiendan de tal manera que puedas verlo al mismo tiempo como trabajo y como juego.*

### *Nuestra infancia puede seguir hoy dándonos alas*

Cierro los ojos y pienso: ¿Dónde pude, cuando era niño, jugar durante horas sin cansarme jamás? ¿Dónde me entregué apasionadamente a algo que emprendía? ¿Qué era lo que hacía con más gusto? ¿Qué me fascinaba entonces? ¿Qué temas o asuntos me entusiasmaban en aquellos años? Los investigadores del cerebro afirman que el niño, cuando se entusiasma por algo, forma en su cerebro sinapsis que refuerzan su creatividad y fuerza interior.

De la historia de mi propia vida podría destacar, sobre todo, lo siguiente: la imagen que a menudo me resultaba inspiradora siendo niño fue la de intentar o ensayar cosas. Siempre se me ocurrían ideas nuevas de objetos que yo mismo podía fabricar. Me apasionaba el bricolaje y la posibilidad de comprobar sencillamente qué construcciones eran posibles. Es verdad que no siempre mis ensayos salían bien. Por ejemplo, cuando tenía siete años, construí con medios muy sencillos una banqueta; pero cuando mi padre se sentó en ella, se desbarató. A pesar de todo, siempre me gustó probar cosas nuevas, sin dejarme desanimar por los fracasos. Esta disposición a probar o ensayar cosas nuevas es una imagen que todavía hoy día me sigue motivando. Hay personas que sienten pavor cuando tienen que enfrentarse a una tarea nueva. Desean asegurarse de estar al corriente de todo. Quieren estar informadas al detalle, para que luego también su actuación sea la correcta. Para mí fue siempre importante la imagen de experimentar, de probar. Más tarde, esta imagen me ha dado alas para, incluso en la administración, probar sencillamente cosas y no limitarme a seguir siempre los caminos trazados de antemano. Solo cuando en la práctica pruebo algo, puedo ver si ello es o no es bueno para mí y para los demás. Esta imagen de la prueba es determinante para mí también a la hora de escribir un libro. Conozco a personas a las que les produce auténtica fobia la idea de escribir, porque controlan cada palabra y se preguntan cómo utilizan otros esas mismas palabras y si realmente ellos dicen cosas nuevas. Personalmente, cuando empiezo a escribir un libro, muchas veces no sé todavía cuál va a ser el producto final. Simplemente, pruebo. Empiezo a escribir, y al escribir va surgiendo algo poco a poco.

Las imágenes que en nuestra infancia nos daban alas podrían seguir haciéndolo hoy. Únicamente deberíamos trasladar esas imágenes a nuestra situación actual. Una persona me refería que le encantaba entretenerse con un juego de construcción de la marca Lego; sus piezas eran piedras con las que construía casas y carreteras por las que se movían hombres, coches y autobuses. Esas piedras de Lego sirvieron para activar su fantasía. Esta imagen motivó más tarde a esta persona para construir algo en su vida. Fundó una empresa y consiguió, con medios bastante sencillos, que creciera. La fantasía que había desarrollado de niño gracias al juego de Lego le ayudó a fundar su empresa y a crear algo nuevo, algo que todavía no existía como tal. Muchos creadores de empresas disfrutaron en su niñez plasmando cosas y crearon algo nuevo. Con la misma confianza que experimentaron de niños jugando, abordaron más tarde la fundación de una empresa.

La directora de un hotel me contaba que de niña la imagen de un hotel la había entusiasmado. Al cumplir diez años, sus padres le habían regalado la estancia de un día en un hotel. Aquello la había fascinado hasta el punto de que más tarde no había descansado hasta ser ella misma directora de hotel. En el diálogo explicó qué era lo que entonces la había fascinado de esa idea: ofrecer un hogar a personas extrañas, la posibilidad de garantizar a los inquilinos un breve alto en el camino –de apenas unos días–, para ocuparse de ellos mismos, disfrutar de un tiempo relajado, endulzarles y embellecerles la vida. Y seguramente habría que pensar también en la imagen arquetípica de la hospitalidad, que ya desde tiempos antiquísimos está presente en el corazón del ser humano. Ya en la antigüedad, ofrecer hospitalidad a los visitantes era un deber sagrado que superaba el normal intercambio basado en el dar y recibir:

por ejemplo, el que se da en el intercambio de alojamiento por dinero. La fascinación que puede llegar a ejercer la hospitalidad se basa en el hecho de que alguien no solo acoge a unos forasteros en su propio hogar, sino que, además, hace que dejen de ser extraños para convertirse en amigos. Como se dice en la Biblia, en la persona del extraño el anfitrión recibe, en último término, al propio Cristo. Algo de todo esto resuena sin duda en la fascinación de esa mujer por la imagen del hotel. En su calidad de directora de hotel, esa mujer formaba parte del mundo que de niña ya la había entusiasmado. De ahí que ella tuviera suficiente energía para, a pesar de todas las decepciones que pudieran provocarle huéspedes demasiado exigentes y descontentos, estar siempre dispuesta a recrear una atmósfera en la que todos se sintieran como en casa y pudieran experimentar la patria en el extranjero.

## RITO

*Siéntate cómodamente y cierra los ojos. A continuación, trata de recordar cómo y cuáles eran los juegos que te divertían en tu infancia. ¿Dónde podías jugar durante varias horas sin cansarte? ¿A qué juegos te entregabas con entusiasmo y apasionamiento? No te limites simplemente a recordar, sino pregúntate: ¿Qué era lo que realmente me fascinaba de esa manera? ¿Qué significado tiene para mí hoy este juego que entonces absorbía todo mi interés? ¿Qué significado se esconde en esa experiencia para mi conducta actual? Toma tus juegos como imagen de lo que entonces quería darte a entender tu alma. Tal vez puedas llevarla contigo como imagen interior en todo lo que hoy haces. Si, por ejemplo, en tu juego te has construido para ti un mundo propio, piensa que en todo lo que hoy hagas, ya sea como padre o madre de familia, en tal o cual profesión, siempre te estás construyendo un mundo propio a tu alrededor. O si, de niño, te gustaba jugar con trenes, piensa en lo que hoy querrías cambiar, dónde podrías conectar entre sí los diversos raíles de tu vida. Si jugabas con muñecas, reflexiona sobre lo que has interpretado y cómo hoy día, en el encuentro con otros seres humanos, podrías construir el mundo que tú tenías entonces ante los ojos. En todo lo que entonces representabas en tus juegos intenta ver una imagen que te sirva para lo que hoy haces. Si entras en contacto con las imágenes que te descubran el sentido de tus juegos infantiles, probablemente percibirás dentro de ti un nuevo tirón de tu energía. Lo notas: Sí, este soy yo. Esta es mi personal manera de vivir, de trabajar, de cambiar algo en este mundo. Sentirás dentro de ti una fuente de alegría, y de fuerza, de la que puedes beber para tu trabajo y para tu vida.*

### *Relacionar la profesión con el sentido y los valores*

Puedo buscar en mi niñez imágenes que me den alas. Pero también ahora, en el presente, puedo buscar para mi profesión imágenes que susciten en mí la sensación de tener una profesión importante. Esta es para mí la tercera fuente de imágenes que me dan alas: en cada una de las profesiones se esconde una imagen que me motiva para ejercer con gusto dicha profesión. Con frecuencia, se trata de imágenes arquetípicas que me ponen en contacto con mi verdadero yo y con la fuente interior que brota dentro de mí. Según C.G. Jung, las imágenes arquetípicas me centran, me ponen en contacto con mi auténtico yo y me dirigen, me ponen en movimiento. Son ellas las que hacen que la energía fluya en mí.

El hermoso término alemán *Beruf* fue acuñado por Martín Lutero, que lo empleó para traducir la palabra latina *vocatio*, «vocación». Con esta palabra, la Biblia se refiere a la llamada que Dios hace a los hombres. Por tanto, la raíz de *Beruf* –«profesión», en español– es *Berufung*, la llamada que Dios dirige a los hombres. Sin embargo, según Lutero, el término *Beruf* significa también la posición y el oficio del hombre en el mundo. El Maestro Eckhart también ve en la profesión humana un encargo divino. Hoy solemos hablar del «empleo» u oficio que tenemos. En sentido estricto, el término «empleo» expresa el trabajo ocasional que justamente estamos llevando a cabo, o un puesto que aceptamos de manera un tanto repentina para poder ganarnos un salario. A fin de cuentas, la palabra «empleo» no esconde precisamente ninguna imagen buena. Un empleo es tan solo un medio para un fin. En cambio, la profesión es una tarea que distingue a la persona humana y contribuye, además, a dignificarla. Porque en la profesión vive el hombre la llamada de parte de Dios.

Con ocasión de la masacre que tuvo lugar el año 2009 en una escuela de Winniden (Alemania), fui invitado a dar una conferencia a los policías que habían prestado servicio en tan terribles circunstancias. La masacre obligó a los policías a vivir muchas experiencias difíciles de afrontar. Por ejemplo: comunicar a unos padres que su hijo estaba gravemente herido; proteger a niños expuestos a sufrir abusos sexuales; la angustia que se siente cuando hay que participar en operaciones peligrosas; la incertidumbre de si va uno a sobrevivir o no; ser objeto de insultos y burlas por parte de los manifestantes, que piensan que ellos son los únicos que tienen derecho a protestar, mientras que los policías tienen que justificar su existencia. Así pues, hoy día se necesitan imágenes saludables: o bien imágenes arquetípicas que muestren el significado de la profesión, o bien valores que otorguen a la profesión su valor y dignidad. El término alemán *Polizei* –como su homólogo español «policía»– proviene del griego *polítēs*, ciudadano, y *politeia*, derecho cívico, administración del Estado. La policía está para que los ciudadanos puedan vivir en una ciudad en paz y seguridad. Se trata de un cometido arquetípico que, de una u otra manera, se da en todas las culturas. Se necesitan guardianes del orden, protectores de la paz y de la convivencia. Por tanto, a partir del significado original de la palabra sería posible descubrir imágenes que hoy motivaran a los policías en el cumplimiento de un servicio que a menudo les resulta muy difícil.

De todos modos, para mí es también muy importante conectar estrechamente la profesión con determinados valores. Y en este terreno concedo especial importancia al valor o la virtud de la esperanza. Es valioso todo aquello que está impregnado de esperanza y que transmite esperanza. Si estoy personalmente convencido de que, como policía, soy portador de esperanza, de que mi servicio transmite esperanza a los habitantes de una determinada ciudad o región, esperanza de seguridad, esperanza de paz, esperanza de orden y de una vida ordenada, esperanza de fiabilidad, esperanza de una buena convivencia, esperanza de una vida lograda..., entonces puedo dirigirme al trabajo cada mañana con buenas sensaciones. Cuando pienso en los insultos a que a menudo estoy expuesto como policía, no puedo por menos de sentirme agobiado. O cuando pienso en los peligros en que podría verme inmerso, este pensamiento me paraliza. Necesito una imagen esperanzadora, que me dé alas. Naturalmente, cualquiera podría imaginarse cómo marcharían las cosas en un país en el que no hubiese policías. La arbitrariedad camparía a sus anchas, la maldad y las tendencias destructivas podrían propagarse. Notamos la diferencia cuando llegamos a países en los que la policía no tiene buena imagen. Hay países en los que la policía está corrompida y hace causa común con los criminales. De ahí que no pueda uno confiar en nada. Lo cual da paso a la injusticia. Una buena policía es una bendición para un país. Si me dirijo al trabajo con esta imagen de bendición que yo llevo al mundo al ejercer mi profesión, sentiré que tengo alas.

En último término, toda profesión tiene encomendada la tarea de transmitir esperanza. El arquitecto construye casas que ofrecen a los seres humanos la esperanza de un hogar, de amparo, de comunidad de vida y de protección. El médico transmite la esperanza de salud y de una vida feliz. El terapeuta ofrece a sus clientes la esperanza de que un día serán dueños de su vida. El profesor no se limita a enseñar determinadas materias, sino que para sus alumnos y alumnas él es un representante de la esperanza en formación, en buenas imágenes, en vida plena.

## RITO

*Tómate tiempo para reflexionar sobre tu profesión. ¿Te sientes llamado a ejercer esta profesión, o bien se trata para ti simplemente de un empleo que te permite ganarte la vida? ¿Qué imágenes encuentras tú que se refieran a tu profesión? ¿Qué sentido descubres en tu profesión? ¿Cómo te las arreglarías para, con tu profesión, transmitir esperanza a otros? ¿Qué esperanza puedes despertar en tus clientes, o en las personas en general, con el ejercicio de tu profesión? ¿Esperanza de fiabilidad, de vida en común, de vida coronada por el éxito, de seguridad, de amparo? La profesión es siempre algo que ejerzo con responsabilidad hacia los demás. ¿Notas en tu profesión la vinculación con otros? Imagínate que en todo aquello que haces te conviertes en fuente de bendición para los demás. ¿Cómo experimentas, después de todo, tu profesión?*

# 6

# ¿Qué sentido puede tener nuestra profesión?

## *Entrar en contacto con la imagen arquetípica*

LA inmensa mayoría de las profesiones es portadora de una imagen arquetípica propia. Para mí es importante hacer visible el significado arquetípico de cada profesión. Por otra parte, la dimensión arquetípica de una profesión muestra que en cada una de ellas se esconde un potencial de esperanza y que, en definitiva, todas ellas pueden transmitir a quienes las practican la esperanza de una vida plena. Es bueno tomar conciencia del significado arquetípico de la profesión que uno mismo ejerce y preguntarse cuál es en concreto la esperanza que de ella se deriva. Por eso, quisiera preguntar y reflexionar sobre las imágenes arquetípicas de algunas profesiones.

Todos conocemos a personas que se entregan apasionadamente a su profesión. Así, hay artistas que viven completamente absortos en su trabajo creativo, y médicos que consideran su profesión una vocación. Esto se nota en el hecho de que tales profesionales trabajan a gusto y que en ellos mismos todo fluye con facilidad. La pregunta es por qué ocurre esto. Una razón que lo explica es, en mi opinión, que estas personas están en contacto con la imagen arquetípica que es intrínseca a su profesión.

Todos conocemos profesiones que esconden una dimensión arquetípica. Me gustaría ver un poco más de cerca algunas de ellas, como las de médico, profesor, sacerdote, policía, abogado, juez, terapeuta, educador, enfermera, ayudante sanitario, agricultor, empresario, hostelero... y los numerosos trabajadores del sector «servicios», todos ellos dedicados a satisfacer necesidades muy diversas de la sociedad.

*Esperanza de curación y de una vida buena*

En alemán, médico se dice *Arzt*, un término derivado del griego *arkh-iatrós*, literalmente, «archi-sanador» –hoy diríamos «médico principal», o «médico jefe»–; a su vez, la raíz griega *iatréin*, de donde se deriva *iatrós*, significa «curar», «sanar». La nostalgia de la curación está presente en todo ser humano. De ahí que siempre depositemos en el médico grandes expectativas, y que a veces vinculemos su persona con imágenes numinosas. El médico se encuentra con seres humanos a quienes su enfermedad hace receptivos al mensaje de las imágenes arquetípicas. Lo creen capaz de realizar el milagro de la curación. Naturalmente, esto puede entrañar también cierto peligro para el médico, que nunca debe identificarse personalmente con estas imágenes arquetípicas. Sin embargo, lo que sí pretende la imagen arquetípica es ponerlo en contacto con habilidades que permanecen aletargadas en su alma. Con independencia de los estudios que haya realizado, la imagen arquetípica del médico debe hacerle tomar conciencia de las fuerzas curativas de su alma, fuerzas que únicamente ha de ejercer en agradecimiento a Dios, de quien ha recibido tal capacidad. El médico que se deja guiar por su imagen arquetípica transmite a los pacientes esperanza de curación, de salud, de una vida buena.

Estrechamente relacionada con el médico está también la imagen arquetípica del *terapeuta*. Hoy llamamos «terapeuta» a quien trata de sanar el alma de una persona psíquicamente enferma, sobre todo por medio del diálogo y de una amplia variedad de métodos psicológicos. En griego, *therapéuein* tiene un amplio abanico de significados: «servir» y «cuidar», pero también «aliviar», «esperar», «atender», «medicar», «curar». Desde sus orígenes más remotos, la terapia ha consistido en ayudar a la persona a encontrar su auténtico «sí mismo», apoyarla en la búsqueda de su propia verdad interior y aliviar sus dolores. El terapeuta está al servicio de la vida de sus clientes, con la esperanza de que, gracias al acompañamiento que les presta, se atenúen sus pautas de vida insalubres y, en definitiva, acaben restableciéndose. La imagen arquetípica podría dar alas al alma del terapeuta y llenarlo de confianza en que, gracias al servicio que presta al cliente, este se encuentre a sí mismo y encuentre también su verdad y su curación. Esto le exime de la presión de verse obligado a ser él mismo un sanador y de disponer de la capacidad de curar. Él está al servicio de la curación, que para los griegos era siempre un proceso espiritual, pero que en último término corresponde a Dios. De ahí que los griegos venerasen a un dios de la medicina o de la curación, llamado Asclepio. Es él el que obra el milagro de la curación. Y para que esta pueda producirse se requiere también siempre la presencia de lo santo. En este sentido, la misión del terapeuta no es otra que la de poner a los clientes en contacto con lo santo que hay en cada uno de ellos, con su espacio sagrado personal, en el que ya son sanos e íntegros y en el que no les afectan ni las expectativas ni los juicios de los hombres, a la vez que se sienten protegidos de las heridas y agravios del exterior.

*Guiar por la senda de la vida*

El término alemán *Lehrer*, que en español suele traducirse como «maestro» o «profesor», significa etimológicamente «seguir una pista», «introducir a alguien en la sabiduría». El maestro no instruye, sino que muestra un camino, indica al alumno cómo puede encontrar la senda de su vida. El término griego para referirse a los maestros es *kathēgētḗs*, que literalmente significa «guía que señala el camino». Para los griegos, un maestro es alguien que va delante, que introduce e inicia. El maestro satisface también el anhelo arquetípico de iniciación a cargo de una persona que va por delante señalando el camino a los alumnos, a quienes de ese modo, con su ejemplo, transmite la esperanza de que también ellos lo sigan por ese camino y logren encontrar su verdadera naturaleza. De *kathēgētḗs* es calificado, por ejemplo, Aristóteles, el gran filósofo griego. En este contexto, ese calificativo significa «consejero espiritual y guía de conciencias» (Grundmann, 486s). El maestro hace de guía de los alumnos, pero no precisamente por el hecho de que, al disponer de más información, pueda simplemente transmitirles un saber sobre caminos exteriores. Es deber suyo orientar también la conciencia del alumno, enseñarle a escuchar la voz de su propia alma, su conciencia, su saber interior (*synéidēsis*, «visión interior de conjunto»). No siempre coincide la imagen que un maestro tiene hoy en día de sí mismo con la forma de entender el magisterio que acabo de señalar. Pensemos, por ejemplo, en el caso de la profesora que cada día se dirige a la escuela con la imagen de la domadora. Nadie debería extrañarse de que esta imagen paralizase a la misma profesora e impidiese crear una situación de aprendizaje basado en el encuentro con los alumnos. Por el contrario, si esa profesora muestra la imagen arquetípica de la maestra, significa que está en contacto con sus propias capacidades. De ahí que perciba dentro de sí la fuerza interior y descubra en su alma la capacidad de avanzar abriendo el camino a sus alumnos y alumnas, hasta conducirlos hasta su verdadera esencia. Esta imagen le dará alas para volar. Por el contrario, si únicamente se fija en los niños difíciles y en su propia incapacidad para mantener la disciplina de la clase, tarde o temprano comprobará que ha quedado incomunicada respecto de las posibilidades latentes en su alma. La imagen arquetípica del maestro la pone en contacto con esas facultades, lo cual va a permitirle luego presentarse en la escuela con mayor confianza en sí misma y experimentar que realmente puede ganarse a los alumnos. Y es que en cada uno de nosotros anida el anhelo de encontrar la senda hacia una vida plenamente lograda.

El término alemán *Erzieher* suele traducirse como «educador» o «pedagogo». Literalmente, designa a la persona que extrae del niño la esencia que lleva dentro de sí, o que lo guía para que, abandonando su inconsciencia, se haga consciente, o para que deje de ser una persona inmadura y madure como persona. En este caso, el término griego es *paidagōgós*, que literalmente significa «el que guía al niño», lo acompaña y le enseña a comportarse bien. En el siglo II, Clemente de Alejandría describió a Jesús como el auténtico pedagogo que con su doctrina y su ejemplo nos condujo hacia una vida mejor. La profesión de educador o pedagogo se remonta a tiempos inmemoriales. En él se esconde la pasión de modelar a otros individuos de la forma única e irrepetible que cada ser humano lleva latente en su interior. El educador personifica el deseo de acompañar a otro ser humano en su camino, para que este plasme en sí dicha imagen única.

Los educadores que son conscientes de la plasticidad de su profesión y la toman en serio en el desarrollo de sus tareas cotidianas se nutren interiormente de una fuente que nunca deja de manar.

### *Orientar y enderezar a las personas*

También en la profesión de juez se expresa una imagen arquetípica. El término alemán para «juez» es *Richter*, que etimológicamente proviene de *recht*, «recto», en el doble sentido que esta palabra tiene en español de «justo» y de «erguido» o «directo». El juez es, por tanto, la persona que endereza algo. Su tarea consiste en procurar que aquellos seres humanos que han perdido el rumbo se pongan de nuevo a buscar su verdadera esencia, la vida que realmente corresponde a su manera de ser. En definitiva, esto significa que la tarea del juez consiste en orientar de nuevo hacía Dios a los hombres a quienes juzga. El juez debe juzgar de acuerdo con el derecho y preocuparse por la justicia. Debe procurar que las cosas vuelvan a ser tal como realmente han sido pensadas. El término griego para referirse al juez es *kritḗs*, que parte de otra imagen distinta. Etimológicamente, *kritḗs* es aquel que separa, distingue o decide algo. Puesto que es alguien capaz de distinguir, se convierte en un «juez arbitral» o, simplemente, en un «árbitro». Evalúa la situación, distingue las diversas opiniones y maneras de comportarse y trata de conjuntar de nuevo correctamente las diversas partes. Por su contenido semántico original, el término alemán *Richter* guarda relación con la imagen de enderezar algo torcido o turbio y ponerlo de nuevo en orden. La imagen griega supone que el juez desmonta todas las piezas del conjunto, las separa para diferenciarlas y, finalmente, decide. Es él quien dicta sentencia, quien administra justicia, quien vuelva a unir de una forma nueva las piezas que ha separado. Lingüísticamente, *krités* guarda parentesco con «crisis», que también diferencia cosas para unirlas de nuevo de distinta manera. Para los griegos, toda crisis entraña una nueva posibilidad. De manera semejante, el juez ofrece la posibilidad de ver las cosas de otra manera y de empezar algo de nuevo. La imagen arquetípica del juez libera, a quienes hoy desempeñan esa función, de la angustiosa incertidumbre de tener que preguntarse si han tenido en cuenta todas las leyes y sentencias y si en su actividad son irreprochables. Más bien, esta imagen los habilita –siempre que cuenten con la necesaria competencia profesional– para hacer algo adecuado: orientar de nuevo a una persona con respecto a Dios y con respecto a su propia verdad, así como para separar algo, a fin de que sea posible comenzar de nuevo. Cuando un juez permite que esta imagen arquetípica lo penetre, siente que a su alma le nacen alas.

### *Vivir en armonía con todo*

Otra imagen arquetípica es la del *labrador*, *campesino* o *agricultor*. Aunque hoy estemos asistiendo a una profunda reestructuración técnica y económica en el terreno de la agricultura, merece la pena recordar esta imagen. En la Edad Media, la palabra «labrador» o «campesino» transmitía una imagen en principio negativa, porque ponía a la vista de todos a los vecinos toscos y escasamente o nada cultivados. Hoy, en cambio, esa misma palabra –labrador, campesino o agricultor– tiene resonancias positivas: es la persona que labra la tierra, cultiva plantas y cuida del campo. Este era también el significado de la palabra griega *geōrgós*: el hombre que labra la tierra. Es *geōrgós* el agricultor, pero también el viticultor. El mismo Jesús compara a Dios con un *geōrgós*, y más concretamente con un viticultor que poda sus vides. Hoy se prefiere hablar de «agricultor» y «agricultura». El agricultor moderno suele ser el dueño de la casa; de ahí que a menudo se entienda también que es el anfitrión que hospeda o agasaja al huésped. A lo largo del siglo XVII, el concepto de «economía» se amplió para incluir, entre otras modalidades, la «economía rural» (*Landwirtschaft*). El anfitrión rural es aquel que ofrece al resto de los seres humanos los frutos de la tierra. En alemán, este agricultor que es dueño de sus tierras se denomina *Wirt*, un término emparentado con otro que significa «verdadero» (*wahr*). Podría decirse, por tanto, que el agricultor hace justicia a la naturaleza si la trata como corresponde a su esencia. La de labrador es, sin duda, una de las profesiones más antiguas de la historia. Dios mismo llama al hombre para que sea agricultor: «El Señor Dios tomó al hombre y lo colocó en el jardín de Edén, para que lo labrara y lo guardara» (Génesis 2,15). Así pues, Dios encomendó al hombre la tarea de cultivar y cuidar la tierra, para que esta ofreciera los frutos que Dios destina al hombre. Por desgracia, tras ser expulsado del paraíso, el trabajo del campo es como una maldición para el hombre: «Maldito el suelo por tu culpa. Mientras vivas, comerás de él con fatiga» (Génesis 3,17). El trabajo del agricultor se traduce en fuente de fatiga y vejación. Hoy día hay muchos grandes propietarios de tierras que se han convertido en empresarios industrializados. Pero teniendo en cuenta que en su mayor parte trabajan en la naturaleza, la proximidad de esta los mantiene, a pesar de todo, en contacto con la imagen interior del labrador. Hablando de una campesina italiana de 67 años que había trabajado toda su vida en el campo, Mihaly Csikszentmihaly cuenta que «era capaz de dialogar con todo y con todos, con los seres humanos, los animales, las plantas, las aves migratorias... Esta circunstancia debió de ser profundamente satisfactoria y dichosa para ella» (p. 53). Una vivencia tan profunda de vinculación protege, de hecho, del agotamiento, del *burnout*, aunque el trabajo que supone pueda ser duro y penoso.

*Crear comunidad entre las personas*

Cuando hoy hablamos, por ejemplo, del mundo del turismo, sale a relucir una amplia gama de servicios y de empresas que están dispuestas a prestar tales servicios. Pero, también aquí, nos encontramos todavía hoy con la antigua imagen del *posadero*. La profesión de posadero es casi tan antigua como la de labrador. Ya en la Biblia aparece como un personaje apreciado. En la parábola del buen samaritano, Jesús mismo habla en tono claramente positivo del posadero. El samaritano lleva a una posada al hombre que había sido asaltado por unos ladrones y le paga al posadero para que lo cuide: «Al día siguiente sacó dos denarios, se los dio al posadero y le encargó: "Cuida de él, y lo que gastes de más te lo pagaré a la vuelta"» (Lucas 10,35). En alemán, posadero se dice *Wirt*, término emparentado con *wahr*, «verdadero», y que designa a alguien que se ha hecho acreedor a la confianza, que crea confianza y transmite a sus huéspedes un espacio de confianza y de hospitalidad. La palabra griega utilizada por Lucas para referirse al posadero es *pandokheús*, es decir, el que acoge a todos cuantos pasan por su casa. También puede designar a alguien que lo acoge todo en sí mismo y, por tanto, también a aquel que acepta todos los aspectos en sí mismo. Evidentemente, ambas cosas están íntimamente relacionadas. Yo solo puedo acoger a otros, incluidos los extranjeros o las personas que están de paso, si yo mismo he aceptado y autorizado en mí mismo lo extraño. También en esta profesión se esconden imágenes arquetípicas que podrían dar alas a quienes hoy desarrollan su actividad en el ámbito del turismo o de la hostelería. El posadero es una persona que ofrece hospedaje a sus congéneres, y esto significa: un espacio de amparo y de confianza. Y es alguien que acepta a todos, que crea comunidad entre diversas personas, que derriba fronteras, que acepta relacionarse con todos los seres humanos y que, de esa manera, procura que en nuestra sociedad se instaure una buena convivencia mutua.

### *Preocuparse por los demás, atender a sus necesidades*

También la profesión de *comerciante* –o mercader– es muy antigua, y también de ella habla Jesús en la Biblia. Jesús compara el reino de los cielos a «un mercader que trafica en perlas preciosas. Al descubrir una de gran valor, va, vende todas sus posesiones y la compra» (Mateo 13,45s).

En alemán, comerciante se dice *Kaufmann*, derivado del término latino *caupo*, que designaba tanto al «tabernero» como al comerciante ocasional que acompañaba a las tropas romanas y que, de hecho, mantenía un intenso intercambio comercial con los germanos. Por el contrario, el término griego *émporos* designaba al comerciante que viajaba y transportaba sus mercancías en barco. Así pues, los griegos relacionaban estrechamente al comerciante con alguien que emprendía largos viajes y transportaba de un país a otro sus mercancías; alguien que acercaba a otros seres humanos las cosas que estos necesitaban para vivir y no podían encontrar en su propio entorno. También aquí se esconde una hermosa imagen: atender a las personas, para que su vida se vea enriquecida con productos procedentes de otros países, en los que se dan las plantas o las materias primas correspondientes. Durante la Edad Media se formó la imagen del comerciante honesto, que respeta los precios, que comercia honradamente, que es honrado personalmente y honra a sus clientes como es debido. Cuando reflexionamos sobre la naturaleza de esta profesión, también en ella descubrimos imágenes que pueden darnos alas.

*Facilitar la vida a los demás*

Existen hoy muchas profesiones nuevas que no tienen demasiado que ver con la imagen de las antiguas profesiones. De todos modos, también en ellas se esconden a menudo elementos y aspectos arquetípicos que, en su sentido original, forman parte de la existencia humana, es decir, de la vida de cada persona. Durante toda nuestra vida, desde que nacemos, dependemos de otras personas. En un sentido básico, vivir significa también ayudar y depender de la ayuda que otros nos prestan, existir en cooperación y comunicación. En el contexto social, la palabra «servicio» significa prestación de algún tipo de ayuda o asesoramiento, para lo cual se recurre a grupos profesionales perfectamente definidos. Son las numerosas profesiones llamadas «de servicios». Estos profesionales trabajan en favor de otras personas. Lo cual no significa que tengan que empequeñecerse ellas mismas. El servicio que prestan es, más bien, en favor de la vida y de la buena convivencia. Despiertan la vida en las personas a quienes prestan un servicio. Aquí habría que mencionar las numerosas profesiones de servicios que hoy día trabajan en el procesamiento electrónico de datos, esos hombres y mujeres que apoyan a empresas individuales a la hora de desarrollar un buen programa informático que agilice la ejecución de sus tareas y facilite y organice su trabajo. Sabemos que, mientras tanto, han proliferado los profesionales del asesoramiento: asesor bancario, asesor patrimonial, asesor de seguridad, asesor estético, asesor matrimonial, asesor empresarial... En casi todas las esferas de la vida actual, que cada vez es más complicada, abundan hoy fuerzas especializadas que ofrecen el apoyo de este servicio de asesoramiento. También en este terreno encontramos imágenes arquetípicas de profesionales que, lejos de contentarse con ser meros especialistas en temas concretos, desean ser algo más... y algo distinto. Evidentemente, muchas veces los seres humanos no conocen el camino que les permite progresar. Necesitan que otros reflexionen con ellos acerca de lo que realmente les conviene. Originalmente, asesorar significa también cuidar de alguien y tomar precauciones. Los numerosos asesores quieren enseñar a sus asesorados a mirar por sí mismos, para que su vida tenga pleno sentido, y más concretamente para que tomen precauciones de cara al futuro. Hay un proverbio que dice: «El buen consejo es caro». El hecho de que alguien me aconseje bien es una obra meritoria, siempre que al hacerlo no me imponga su punto de vista, sino que reflexione juntamente conmigo acerca de lo que necesito para que mi vida llegue a buen puerto.

### *Ayudar a los más débiles*

También las numerosas profesiones de ayuda que conoce la sociedad actual, basada en la división del trabajo, arrastran consigo imágenes arquetípicas. Entre las profesiones de ayuda hay que contar las de asistencia a todo tipo de personas en situación de especial necesidad: las enfermeras, los cuidadores de ancianos, los asistentes sociales, los asistentes rurales, los asistentes familiares...

Entre las profesiones de ayuda se cuentan también todas aquellas que engloban a los profesionales de la terapia, del tratamiento médico y de la atención pastoral. En el ámbito de habla alemana, desde que Wolfgang Schmidbauer publicara su famoso libro *Die hiflosen Helfer* («Ayudantes sin ayuda»), muchos ven estas profesiones con la sospecha de que quienes las ejercen son precisamente quienes más necesitados están de ayuda. En cualquier caso, el peligro que entrañan estas profesiones de ayuda –lo cierto es que fue entre estos profesionales donde empezaron a emplearse términos hoy considerados técnicos, como «agotamiento» o *burnout*– no debería hacernos perder de vista el arquetípico aspecto positivo de la ayuda. Acudir en ayuda de otra persona, ofrecérsela a alguien que no puede ayudarse a sí mismo, supone una elevada categoría moral y humana. Hay personas que con gusto ayudan apasionadamente. Se entregan a fondo. Y no hay razón para sospechar de ellas de antemano. Quien ayuda a otros y experimenta gratitud, obtiene también algo a cambio. Su decisión de dar a otros no obedece a que él mismo necesite algo; da de buena gana, porque él mismo puede nutrirse una y otra vez de una fuente interior de alegría. Un conocido dicho afirma: «Quien da mucho necesita mucho». Naturalmente, hay personas que dan mucho, que ayudan gustosamente a los demás, porque ellos mismos necesitan mucho. Necesitan atención, confirmación. Necesitan sentir personalmente que ellas son útiles para otros. Quien da por necesidad se agota. Pero quien da porque él mismo ha recibido amor, porque él mismo ha bebido en su fuente interior, también recibe algo a cambio. Siente que el beneficiado le agradece su gesto y que con esa gratitud se enriquece a sí mismo. Pero él no da para ser a su vez correspondido. Da porque el acto de donación fluye espontáneamente de él. Y esto hace a los seres humanos absolutamente felices. Quien da con esta actitud interior no se siente hundido si su ayuda no es acogida con gratitud y reconocimiento. Sin embargo, quien emplea toda su energía en ayudar a otros porque él mismo necesita ser admirado se sentirá minusvalorado si su ayuda no recibe el adecuado reconocimiento, y más aun si es criticada.

También la palabra «cuidado» esconde una imagen arquetípica. El cuidador intercede en favor de alguien, lo reemplaza, lo cuida, lo atiende y lo guarda. En alemán, «guardar» se dice *hegen*, término relacionado etimológicamente con el griego *hágios*, «santo». El cuidador crea un espacio sagrado alrededor del enfermo, un espacio dentro del cual este queda aislado y se recupera. Por otra parte, el cuidador pone a los enfermos o minusválidos en contacto con el espacio sagrado existente en cada uno de ellos, en el que todos son sanos y completos, sea cual sea la enfermedad o minusvalía que padezcan. Quien cuida y asiste a otros crea un espacio en el que todos puedan sentirse a gusto. Y protege a las personas para que encuentren su verdadero sí mismo. Cuidar y asistir es la tarea originaria que Dios encomendó al hombre en el momento de la creación. El hombre no solo debe cuidar y atender a la naturaleza, sino también a las personas que lo necesiten. Cuidar y atender a los demás no siempre es fácil. Porque también hay enfermos difíciles que no se contentan con nada. Es precisamente en esos casos cuando más importante resulta el que enfermeras y cuidadores estén en contacto con la imagen arquetípica de la ayuda, la asistencia y el cuidado.

### *Moldear el pensamiento por medio del lenguaje*

Otro importante ámbito profesional lo constituyen las *profesiones relacionadas con la comunicación*: periodistas, reporteros y corresponsales de periódicos, moderadores de televisión, locutores de radio, actores y actrices de cine y de teatro, directores de teatro y, en general, todas aquellas personas que trabajan con el lenguaje, con la voz y con imágenes. Estos profesionales dejan su impronta en la opinión de la sociedad. Y, en este sentido, tienen una enorme responsabilidad en relación con el lenguaje utilizado en cada sociedad y que deja su impronta en el pensamiento de quienes lo hablan. Si todas las personas que trabajan profesionalmente en el ámbito de las comunicaciones se responsabilizaran conscientemente de su lenguaje, comprobarían hasta qué punto pueden influir en una sociedad. Para empezar, no estarían abiertos únicamente a los conflictos que se plantean en el equipo de redacción, o a los intereses del propietario del periódico o de los responsables de la televisión. Se sentirían fascinados por la posibilidad de que su lenguaje dejara su impronta en el pensamiento de una generación y pusiera en marcha un proceso de cambio.

### *Hacer más segura y fácil la convivencia*

En cualquier caso, también quienes ejercen alguna de las profesiones que tienen directamente que ver con la técnica moderna necesitan las imágenes apropiadas para que a sus almas les salgan alas en el ejercicio de su profesión. Nos referimos a los *informáticos*, *programadores*, *agentes de bolsa*, *empleados de banca*, *economistas de empresa*, *ingenieros* o *especialistas* de otras profesiones. Si tales profesionales son portadores de una imagen capaz de dar sentido a su trabajo, el ejercicio de su profesión no solo no agotará sus energías, sino que más bien los llenará de fuerza. También en cada una de estas profesiones se esconden imágenes que dan alas. El informático, por ejemplo, proporciona información a las personas, en el sentido de que crea las condiciones necesarias para que estas puedan comunicarse entre sí del mejor modo posible. El programador trata de comprender las rutinas del trabajo humano y, sirviéndose de su imaginación y su pericia informática, plasma esos mismos procesos en programas desarrollados por él para que a los trabajadores les resulte más fácil su trabajo. Naturalmente, también en estas profesiones hay quienes ven todo cuanto hacen desde un punto de vista simplemente técnico y funcional, como una forma de ganar el mayor dinero posible. Pero si, por ejemplo, los agentes de bolsa, los empleados de banca o los economistas se dejan guiar únicamente por el dinero que está en juego, tarde o temprano se verán incomunicados de la fuente que brota en su interior. El dinero puede estimular a una persona durante algún tiempo, pero, a la larga, no es una fuente fiable de energía. En el término «ingeniero» se esconde la raíz latina *ingenium*, que significa «talento natural», «sagacidad», «inventiva». El ingeniero no encuentra únicamente soluciones técnicas superficiales en campos como la fabricación de nuevas máquinas o la construcción de casas y carreteras. Con ello contribuye a la idea del progreso, pero, además, en un nivel más profundo de su imagen profesional se esconde la imagen de la esperanza. A través de su creatividad, transmite a sus conciudadanos la esperanza de encontrar mejores soluciones a sus problemas diarios. Dicho de otro modo: les transmite la esperanza de una vida más digna, más fácil y más segura.

## *La profesión no lo es todo*

Por más enriquecedoras que sean las imágenes arquetípicas para nuestra propia profesión, debemos evitar a toda costa identificarnos personalmente con ellas o dejarnos subyugar por la imagen que tengamos de nuestra profesión, respecto de la cual necesitamos mantener siempre una cierta distancia. El que un maestro siga manteniendo en su casa la imagen de maestro no es precisamente una bendición para sus hijos. Los hijos necesitan un padre y una madre, no una persona que esté continuamente instruyéndolos. En su casa, el juez debe dejar de lado el papel de juez, para ser plenamente hombre. Quien se identifica totalmente con el papel de su profesión pierde su personalidad, quedando reducido al papel que le confiere su profesión, lo cual no es bueno ni para él ni para su entorno.

Todos desempeñamos determinados roles, pero hemos de estar siempre dispuestos a olvidarnos de ellos una y otra vez. Necesitamos mantener una cierta distancia con respecto a nuestro rol profesional. Y no solo eso: necesitamos también distanciarnos de nuestra profesión. Cuando se plantea el problema de la relación que debe darse entre profesión y vida privada, se habla de «equilibrio vida-trabajo». El trabajo y la vida necesitan mantener un sano equilibrio. Si nuestra vida gira totalmente en torno a nuestra profesión, esta circunstancia representa para nosotros una sobrecarga. Necesitamos contar con espacios que no lleven la impronta de nuestra profesión. En la antigüedad se veía en el ocio un tiempo libre que cada cual podía dedicar a reflexionar sobre las cosas importantes de la vida. Hoy hablamos de espacios de tiempo sin una finalidad determinada, durante los cuales nos sentimos libres de la presión de tener que trabajar para otros. Necesitamos espacios para respirar a fondo. Esto forma parte del ritmo sano de vida de un ser humano. De ahí que, por una parte, se nos exija estar dispuestos a comprometernos plenamente con nuestra profesión, realizando con entusiasmo todo cuanto la misma exija de nosotros. Y de ahí también que, por otra parte, tengamos que estar dispuestos y ser capaces de distanciarnos, en determinados momentos, de nuestra profesión y de nuestro rol profesional, para ser simplemente seres humanos. Yo no soy solo mi profesión. Soy también padre o madre, varón o mujer. Soy una persona única, deseosa de respirar a mis anchas. Me gusta jugar, viajar sin rumbo fijo, interpretar y escuchar música, hablar de aquello que realmente me conmueve... Todo esto necesita espacio en mi vida, para no caer en la tentación de vivir exclusivamente para mi profesión y, de ese modo, sobrecargarme, con el consiguiente peligro de que mi vida desemboque en un colapso personal.

## RITO

*Reflexiona un momento sobre tu profesión. ¿Se trata de una profesión antigua, de una profesión con una imagen arquetípica? ¿Qué imágenes te vienen a la mente cuando piensas en tu profesión? ¿Hay entre esas imágenes algunas que te conmuevan, te motiven o te inspiren? Repasa el campo semántico directamente relacionado con tu profesión. Tal vez después aparezcan en tu mente nuevas imágenes que expresen mejor aquello que haces realmente. En eso caso, lo harás más conscientemente. Sientes que con tu profesión das respuesta a anhelos esenciales del ser humano. Y sientes que desde siempre tu profesión ha sido fuente de bendición para otros seres humanos. Imagina cómo podrás convertirte hoy, con tu profesión, en una bendición para las personas con las cuales y por las cuales trabajas.*

# 7

# Sobre modelos y logotipos de empresas

*Las imágenes crean identidad e identificación*

No es solo la persona individual la que necesita imágenes que den alas a su alma, sino también los grupos a los que pertenecemos y la empresa concreta para la que trabajamos. Las imágenes unen a los hombres entre sí y crean identidad. Cada uno de los colaboradores se identifica con su empresa. Cada empresa posee su propia impronta, su cultura peculiar. El espíritu que reina en una empresa es algo que se percibe y que depende naturalmente de los valores que en ella se viven. Pero, además, este espíritu lleva también la impronta esencial de la imagen que la empresa ha escogido como propia y con la que se identifican todos sus colaboradores. En cualquier caso, tales imágenes no deben hablar exclusivamente a la razón, sino que han de penetrar también profundamente en el subconsciente, para que alcancen al hombre en su totalidad y para que así, desde dentro, puedan influir en él.

Dichas imágenes no siempre son formuladas conscientemente. A menudo, se han formado de una manera sencilla. De todos modos, es conveniente que todos tomen conciencia de ellas.

Entre los trabajadores de la empresa Daimler imperó durante mucho tiempo la imagen de que «Daimler fabrica coches buenos y seguros», lo cual servía para motivarles. Un ejecutivo sentenció: «Que el valor de las acciones aumente cada año, para que los accionistas ganen más dinero, es algo que no motiva a mis colaboradores». Es una imagen extraña que se le impone a una empresa. No solo no da alas, sino que más bien paraliza. Somete a presión. En el caso de los grandes fabricantes de coches, como Daimler, BMW y Audi, más importante, si cabe, que la imagen que la propia empresa ha escogido para sí es la imagen del producto que sale de sus talleres, producto que todos los trabajadores han contribuido a crear y que por eso mismo los mantiene unidos y los motiva.

BMW ha creado la imagen del coche deportivo y al mismo tiempo ecológico, que no solo resulta atractivo para los clientes, sino también para los trabajadores de la empresa. Durante los últimos años, Audi ha logrado que sus coches representen una imagen propia, del gusto de muchos de sus colaboradores jóvenes. Audi pasa por ser una empresa joven e innovadora, en la que todos los colaboradores intervienen en el desarrollo de nuevas ideas.

Las imágenes que hoy distinguen a estas empresas se han ido formando paulatinamente, gracias al ambiente de trabajo, a los productos que fabrican y a la propia cultura empresarial, sin que en ningún momento hayan sido descritas conscientemente. Las imágenes características de una empresa se ponen de manifiesto en la forma en que dicha empresa recomienda y vende sus productos. En esto se nota qué es lo que la empresa considera importante y qué es lo que une entre sí a los colaboradores.

Hoy día son muchas las empresas que han elegido conscientemente ideales empresariales, los cuales en muchos casos han sido elaborados en estrecha colaboración con el consejo de administración de cada una de las empresas. Sin embargo, estos ideales carecen a menudo de la necesaria fuerza de cohesión. No consiguen motivar a los colaboradores, simplemente porque es algo que se les impone desde fuera. Además, a menudo estos ideales no son otra cosa que publicidad destinada a ganar clientes fuera de la empresa. Se presentan, se utilizan en las campañas publicitarias en el exterior, pero no es algo que vivan realmente los propios empleados. El abismo, a menudo tan acusado, entre los altos ideales y la realidad que presenta la empresa enerva y deja insatisfechos a muchos colaboradores. Muchas veces, los ideales parecen hermosos y elevados, pero no cuentan con el apoyo de los colaboradores. Y no hay ideales que me pongan en contacto con las imágenes interiores de mi alma y con la fuente de energía que fluye dentro de mí.

Un buen ejemplo al respecto nos lo ofrece la empresa Puma. Durante mucho tiempo, estuvo al borde del abismo. Sin embargo, la lucha por conquistar una serie de valores e ideales compartidos consiguió que, finalmente, los empleados se identificaran con la empresa. Posteriormente, el nuevo proyecto empresarial atrajo a muchos jóvenes deseosos de trabajar en él. Por de pronto, se produjo un cambio en la imagen corporativa: Puma dejó de considerarse exclusivamente un fabricante de calzado deportivo y se presentó como una empresa preocupada por el estilo de vida. De esa manera logró transmitir, sobre todo a los jóvenes, la imagen de un equipo empresarial que respalda un estilo moderno de vida. Una vez más, muchos jóvenes se identificaron con la empresa. Este cambio de imagen en el exterior fue completado después con un trabajo consecuente con esta misma idea entre los empleados. Se buscaron ideas clave que fueran aceptables para todos los colaboradores y que motivaran a todo el personal de la empresa. Y se encontraron las cuatro siguientes: justicia, honradez, creatividad y actitud positiva. En lo sucesivo, antes de tomar una decisión, en la empresa se preguntaban si la misma respondía a las cuatro ideas clave. E incluso en el trato con los colaboradores y con los clientes se utilizaban estos cuatro valores como clave para el éxito. De esta manera, se creó en la empresa un clima de estrecha convivencia, a pesar de las numerosas diferencias individuales. Estos cuatro conceptos clave dieron alas a los empleados del grupo, pero además convencieron también a los clientes, sin cuya aceptación no puede existir un proyecto empresarial como el de Puma. Este ejemplo muestra hasta qué punto las imágenes positivas pueden tener un efecto contagioso tanto hacia dentro como hacia fuera.

Otro ejemplo nos lo ofrece la empresa Siemens. Durante mucho tiempo, sus empleados daban la impresión de ser meros funcionarios de una empresa tradicional y poco ágil. Sin embargo, durante los últimos años esta imagen ha experimentado numerosos cambios. Siemens aspiraba a ejercer un cierto liderazgo precisamente en el campo de la energía y a convertirse en una empresa «verde». Con este fin, y en colaboración con una empresa de mercadotecnia, elaboró nuevos modelos de negocio. Es todavía pronto para saber si estos nuevos ideales serán bien acogidos por la plantilla de sus trabajadores o si se va a producir un abismo entre los ideales propuestos y el clima concreto de trabajo que reina en la empresa. En cualquier caso, según me han comentado algunos empleados, en la empresa no todo parece marchar tan bien como se piensa desde fuera. Obviamente, va a hacer falta todavía mucho tiempo para que los corazones y las mentes de los empleados asimilen profundamente la nueva imagen, y solo así estarán en condiciones de cambiar realmente el clima que se respira en la empresa. Si los empleados notan que los nuevos ideales únicamente afectan a la publicidad externa y no logran, por lo tanto, configurar la atmósfera interna, en la empresa se planteará un conflicto. Y esta situación interna influirá negativamente en los colaboradores, que sentirán que no son tomados en serio y que, simplemente, se les utiliza para difundir una imagen publicitaria atractiva de la empresa. Por desgracia, la desavenencia y la falta de sinceridad con respecto a los empleados se convierten a menudo en fuentes de *burnout*. Si los empleados no han logrado formar un auténtico equipo de trabajo en cooperación, los ideales recientemente incorporados no influirán en ellos de forma positiva. Y si esos ideales no entran en contacto con imágenes interiores, resultarán ineficaces. Es más, generarán más agresividad que motivación positiva.

Tanto Siemens como Daimler son empresas que han tenido que hacer frente en el pasado a acusaciones de soborno. Y ambas han sabido sacar las debidas consecuencias. Actualmente, el grupo Daimler pone la imagen de la integridad por encima de la economía. Por de pronto, integridad significa mantenerse intacto, ser intachable, limpio y claro, sin corrupción de ningún tipo. Pero la integridad no designa tan solo el ideal de una empresa, sino también el de cada uno de sus trabajadores. Un empleado íntegro es alguien que es claro en sí mismo, que no esconde segundas intenciones y que, además, es capaz de integrar todos los aspectos de su personalidad, incluidos los lados de sombra. Quien integra sus lados de sombra se ha liberado de la coacción de proyectarse sobre los demás. Cuando esto lo aplicamos a una empresa, estamos pensando en una organización que es capaz de integrar a todos sus miembros, haciendo que trabajen en colaboración y que, en último término, formen una comunidad. La integración que de este hecho se deriva va más allá de la propia empresa. Integra a los clientes y a los proveedores en la imagen de la empresa, que está decidida a ser íntegra, clara y transparente en sí misma. De esta manera surge un movimiento que va más allá de la propia empresa y que termina influyendo en la sociedad del entorno. De todos modos, en la discusión que mantuve con colaboradores de Daimler observé personalmente que todos estaban de acuerdo con la imagen de la integridad, pero que también percibían el peligro de que tal imagen fuese excesivamente elevada. La actuación concreta, los intercambios verbales cotidianos de los miembros de la empresa, la forma de abordar los fallos de los colaboradores... son otros tantos aspectos de la vida empresarial que apenas roza esta imagen excesivamente ideal. Aquí el problema es que, al elevar tanto el punto de mira, es perfectamente posible pasar cómodamente bajo él. Es decir, este tipo de ideales es ineficaz. Suenan bien, pero tienen el inconveniente de que no cambian a las personas. Por suerte, la empresa Daimler ha reconocido este peligro y está tratando de que su ideal de integridad penetre poco a poco en las mentes e incluso en los corazones de sus trabajadores, a la espera de que un día se grabe en sus pensamientos y sentimientos.

## *Los ideales, además de propagarlos, hay que vivirlos*

No basta con desarrollar ideales sublimes, imprimirlos en un vistoso papel y hacerlos luego desaparecer en el cajón de algún despacho. Como tampoco basta con propagar fuera de la empresa estos ideales si no se viven dentro de la misma. La contradicción que se produce cuando se proclaman unos ideales que luego no se viven hace que muchos trabajadores enfermen. La contradicción conduce al desengaño y, muchas veces, a la amargura. Es preciso recorrer con humildad un itinerario para que, tras un largo proceso de asimilación, los ideales escogidos por la empresa puedan demostrar su eficacia y ser bien acogidos por todos los colaboradores. Y se requiere paciencia para que estos últimos consigan encarnar realmente tales ideales. Para que esto funcione, hay que contar con una instancia crítica. En el caso de la empresa Puma, en todas las reuniones de la junta directiva hay un miembro que tiene la misión de hacer la siguiente pregunta: ¿Es realmente justo, íntegro, creativo y positivo lo que ahora acabamos de decidir, como queremos que sea también nuestro trato mutuo y con todos nuestros colaboradores? Es preciso que todos los miembros de la empresa hagan a menudo examen de conciencia. Pero también hay que recordar ritualmente los ideales. Al hacerlo, no se formulan reproches, sino que simplemente se plantea una pregunta. Es normal que los ideales no determinen exclusivamente nuestro pensamiento y nuestra acción. Hasta lograr interiorizarlos realmente, de manera que ellos determinen nuestro trato con los demás, hemos de recorrer un largo camino.

En los ideales se describen los valores que deben determinar el comportamiento de la empresa. Los valores hacen valiosa una empresa. El hecho de que los valores dejen de ser tenidos en cuenta es siempre, además, una señal de desprecio hacia uno mismo y hacia la persona humana en general. Y una empresa en la que se desprecia a las personas pierde todo valor. Nadie quiere seguir trabajando en ella de forma duradera. Todos nosotros tenemos un cierto olfato para los valores. Nuestra alma sabe de qué se trata. Pero ninguno de nosotros vive siempre dichos valores. Todos tenemos también la tendencia a eludirlos. De ahí que, sobre todo entre los ejecutivos, deba estar presente siempre la aspiración a interiorizar los valores, ya que solo así podrán mostrárselos, de palabra y de obra, a los colaboradores. Además, en las empresas el recordar los valores debe ser siempre necesariamente recíproco. Desde luego, no se trata de hablar constantemente y en tono moralizante de los valores. Lo único que consigue el discurso moralizante es despertar la mala conciencia del auditorio. Y la mala conciencia no motiva para vivir los valores, sino que más bien paraliza. Los valores deben tomar forma en nosotros para que, a través de nosotros, irradien a nuestro entorno. Pero dejarse uno mismo troquelar por los valores, en lugar de simplemente presumir de ellos frente a los demás, es un proceso inacabable y una exigencia espiritual permanente.

Una forma concreta de que todos recuerden a menudo y recíprocamente los valores consiste en prestar atención al lenguaje que se utiliza en la empresa. Podría encargarse a alguien del equipo directivo de hacer de vez en cuando una pausa y llamar la atención de sus colegas, varones o mujeres, sin acusarlos en sentido estricto, con preguntas como estas: «¿Ha sido realmente respetuosa nuestra forma de hablar sobre estos compañeros? ¿Se refleja en nuestro lenguaje el valor de la integración? ¿O nuestro lenguaje es más separador que integrador, más agresivo que conciliador, más despreciativo que respetuoso?» En este sentido, debería valorarse la posibilidad de que, por ejemplo, si alguna vez recibo correos o mensajes agresivos de parte del jefe, yo pueda contestarle inmediatamente con otro correo o mensaje para manifestarle que me resulta difícil encontrar en sus palabras los valores que precisamente la empresa trata de difundir.

RITO

*Reflexiona sobre el modelo o ideal que propone tu empresa. ¿Es una imagen que a ti personalmente te motiva e inspira? ¿Te ponen el ideal o el logotipo de tu empresa en contacto con tus imágenes interiores? ¿Qué imágenes se te ocurren para tu empresa? Intenta sencillamente, durante un momento, anotar diversas imágenes relacionadas con este tema que se te ocurran mientras reflexionas. Y a continuación, pregúntate: ¿Cuál de estas imágenes me conmueve de alguna manera, cuál de ellas me pone en contacto con mi energía interior? Después reflexiona de nuevo sobre el ideal y el logotipo de tu empresa. Y a estos temas asocia otras imágenes que completen y concreten el ideal escogido por la empresa, que lo llenen de vida y de alegría. Y luego habla con tus colegas sobre las imágenes que a ti y a ellos se os ocurran sobre la empresa. Y si las imágenes que se refieren a la empresa ya están fijadas de antemano, trata de buscar imágenes para el departamento del que eres responsable o en el que colaboras.*

# 8

# Imágenes que encuentran eco en el alma

## *El moralizar paraliza*

Los seres humanos vivimos en estrecha correlación con nuestro entorno. Esto no es únicamente algo que experimentamos de manera evidente en la vida de cada día. La misma investigación cerebral ha comprobado que nuestro cerebro no solo requiere de nuestra parte que recibamos reflejos positivos del entorno, sino que él mismo reacciona como un diapasón a nuestro propio entorno. También en este contexto son importantes las imágenes, que irradian algo, que pueden contagiarnos y con cuya ayuda comprendemos y nos comunicamos. Como ya hemos visto, las imágenes con que topamos pueden liberar en nosotros una dinámica positiva o negativa, según los casos. Pueden oprimirnos y bloquearnos. Pero también pueden darnos alas. Cuando nos ayudan, pueden hacernos entrar en contacto con nosotros mismos. Para que las imágenes puedan darnos alas necesitan cumplir ciertos requisitos previos. El principal es que posean una cualidad arquetípica. Las imágenes arquetípicas no interpelan tan solo a nuestro pensamiento, sino que influyen también en nuestro inconsciente. Para C.G. Jung el inconsciente es una fuente de energía vital. Las imágenes arquetípicas despiertan en nosotros esa misma energía vital, que está predispuesta y almacenada en nuestro inconsciente.

Las imágenes arquetípicas no son moralizantes. Las imágenes moralizantes –de acuerdo con el lema según el cual «Hemos de ser siempre verdaderamente honrados, amistosos y solícitos»– más bien paralizan, porque generan mala conciencia. Y la mala conciencia nos roba la energía, sin motivarnos apenas para cambiar de conducta. No despierta en nosotros fuerza alguna. No nos pone en contacto con la fuente interior en la que podemos saciar nuestra sed. Por decirlo de alguna manera, permanecemos atascados en la mala conciencia y no conseguimos penetrar hasta el fondo de nuestra alma, donde brota la fuente de energía.

Con frecuencia, las imágenes moralizantes se presentan acompañadas de reproches. Por ejemplo, en ellas se esconde el reproche de que los trabajadores no sienten de verdad lo que la dirección de la empresa ha ideado. Estas imágenes cargadas de reproches carecen de todo poder motivador. En los trabajadores de una empresa despiertan más bien resistencia y oposición. Un reproche grava al trabajador, lo oprime, porque tras él se esconde una crítica que lleva al criticado a intentar autojustificarse. Con frecuencia, estas imágenes cargadas de reproches se presentan unidas a imágenes idealizadoras, con las que se formulan ideales sublimes; pero, al ser estos tan elevados, todo el mundo encuentra una razón para no tener que alcanzarlos. Esta distancia entre los altos ideales y la más humilde realidad crea insatisfacción y frustración. En otras ocasiones, estos ideales tan elevados se formulan para venderse mejor uno mismo hacia fuera. Por otra parte, quien proclama estos ideales sabe perfectamente que nadie podrá vivirlos. Simplemente, son declaraciones de buenas intenciones. Constituyen ejercicios intelectuales, carentes de todo poder motivador.

### *Para que algo nos conmueva tiene que hablar a nuestro corazón*

Para que las imágenes me den alas tienen que hablarle a mi corazón. Deben entrar en contacto con algo muy profundo de mí: deben conmoverme. La investigación cerebral conoce estas imágenes que son capaces de provocar en mí una conmoción. Se trata de imágenes que permiten ver algo en su globalidad, que hacen posible un futuro. Las imágenes son como ventanas que abren el espacio de mi alma a una realidad mayor. Poseen una fuerza emocional. Hablando de empresas, las imágenes deben estar ancladas también en la emoción de los trabajadores que componen la empresa.

Un peligro es que las imágenes nos exijan demasiado, cosa que puede suceder tratándose de las imágenes comunes de una empresa. Pero esto sucede, sobre todo, con las imágenes personales. En este sentido, hay imágenes que durante mucho tiempo son buenas para nosotros, porque no nos obligan a esforzarnos. Algún día, sin embargo, esas mismas imágenes se vuelven demasiado grandes para nosotros. Está, por ejemplo, la imagen de quien se responsabiliza de todo. Hacerse responsable es bueno. Pero justamente los mayores de una serie de hermanos han aprendido desde pequeños a responsabilizarse de sus hermanos más jóvenes e incluso, con bastante frecuencia, del mantenimiento de la casa. Ello ha hecho que muchas veces tales hermanos mayores se sientan, siempre y en todas partes, responsables de todos y de cada uno. Sin embargo, supone para ellos una sobrecarga. La imagen es demasiado grande para ellos. Y si es demasiado grande, el alma se rebela, a menudo inconscientemente, contra la situación, en el sentido de que se torna depresiva y pierde todas sus fuerzas. El sentimiento de estar «quemado» (*burnout*) es con frecuencia una protesta contra las imágenes excesivamente grandes. Esto puede indicarnos el camino que hemos de tomar con vistas a la conversión y a una nueva orientación de nuestra energía vital. Deberíamos, pues, estar agradecidos si nuestra alma todavía tiene fuerzas para rebelarse. Eso demuestra que está sana y que podemos contar con ella.

Una mujer tiene la imagen de una persona armonizadora. Ha crecido en una familia mal avenida, y desde niña se ha esforzado por hacer que impere la paz entre todos. Para ella, las disputas y los conflictos son vivencias amenazadoras. De ahí que trate de que en todas partes reine la armonía. Por eso precisamente es querida también en la empresa. Su influencia en el entorno es positiva, pues logra unir a las personas y crear una buena atmósfera dentro de su equipo de trabajo. Pero en algún momento esta imagen resulta excesiva para ella, que constata que no es capaz de restablecer la armonía entre su jefe y sus colaboradores, con quienes se solidariza sentimentalmente. Por este motivo, se esfuerza hasta el agotamiento por restablecer la armonía en la empresa. Si mi imagen deja de funcionar, si soy incapaz de hacer realidad mi propio ideal, puede suceder, o bien que me resigne sin más, o bien que sufra un cansancio crónico, que en cualquier momento puede desembocar en una situación de *burnout*.

Otro tiene la imagen del ayudador. Ya anteriormente hemos explicado que la imagen arquetípica del ayudador nos pone en contacto con múltiples capacidades, y que a menudo nosotros mismos salimos beneficiados gracias a la ayuda que prestamos. Sin embargo, existe el peligro de que, si nosotros nos vemos siempre y en todas partes como ayudadores, nos identifiquemos personalmente con esta imagen arquetípica. Si caemos en este peligro, la imagen del ayudador nos asaltará siempre que a alguien de nuestro entorno no le vayan las cosas tan bien. De esta manera, nosotros mismos nos sobrecargamos con esta imagen arquetípica. Y con relativa frecuencia nos sentiremos defraudados, porque nuestra ayuda no será debidamente apreciada. Y ello sin contar con que, en ocasiones, nuestra actitud nos creará un montón de dificultades. Por ejemplo, en el departamento de la empresa provocamos bastante malestar, porque siempre queremos acudir en ayuda del débil, sin darnos cuenta de que este abusa a veces de nosotros. Y el peligro que entraña la identificación con una imagen arquetípica es que nosotros mismos no nos demos cuenta de hasta qué punto camuflamos nuestras propias necesidades bajo la apariencia de esa imagen. La identificación con una imagen arquetípica nos impide ver las propias necesidades, que damos por satisfechas con el pretexto de la ayuda. Pensaba que lo único que yo pretendía era ayudar, pero en realidad bajo este deseo he camuflado mi propia necesidad de poder. Como ayudador, intento sobreponerme a los demás, mostrarles que estoy por encima de ellos. Y, en ocasiones, con esta identificación quiero ayudarme también a mí mismo. Siento que realmente estoy necesitado de ayuda. Pero esto es algo que yo no puedo admitir, porque de esa manera se vendría abajo la autoimagen del ayudador a ultranza que tanto esfuerzo me ha costado construir, y me daría de bruces con mi propia fragilidad e indigencia.

## *Sin imágenes no hay futuro*

Las imágenes que hacen que algo en mí se remueva abren una ventana en mi alma. Tienen siempre el carácter de una visión. Me revelan el futuro. Un antiguo padre de la Iglesia se expresaba así: «Sin imágenes no hay futuro». Las imágenes nos llevan hacia adelante, nos regalan un amplio horizonte. Este tipo de imágenes no son moralizantes ni imponen cargas excesivas. Tampoco son intelectuales, sino que hablan directamente a lo más hondo de nuestro corazón. Nos conmueven. Una imagen así brilla por cuenta propia. A menudo nos resulta imposible decir exactamente por qué nos interpela una imagen. Pero si reflexionamos sobre ella por un momento, nos damos cuenta de que siempre se trata de una imagen que ofrece una visión global de algo. Ve juntas realidad y posibilidad, presencia y posteridad, actualidad y visión. La imagen se asemeja muchas veces a la experiencia del *déjà-vu*: de pronto reconocemos en nuestra vida nuevas posibilidades, de pronto caemos en la cuenta de algo, comprendemos.

## *Es eficaz lo que encuentra eco en el alma*

Las imágenes que nos conmueven se asemejan bastante a nuestras visiones oníricas. En los sueños, nuestra alma piensa en imágenes, algunas de las cuales son estremecedoras, aunque también las hay esperanzadoras. Cuando, por ejemplo, vemos en sueños una luz cegadora, nos hallamos ante una imagen esperanzadora que nos anuncia que nuestra oscuridad interior ha sido superada. Cuando soñamos con un niño que sostenemos en nuestros brazos, es un signo de esperanza que nos anuncia que ha nacido en nosotros algo nuevo y que nos hemos puesto en contacto con la imagen primigenia de Dios en nosotros. En definitiva, nos conmueven las imágenes que responden a la imagen interior de nuestra alma y que encuentran cierta resonancia en ella.

Si buscamos en la historia ejemplos concretos de imágenes eficaces, con frecuencia son las imágenes míticas las que mayor eco encuentran en nuestra alma: por ejemplo, la imagen de Jonás, que estuvo algún tiempo en el vientre del pez. En sus parábolas y en sus dichos, Jesús utilizó un lenguaje gráfico. Muchas de sus imágenes se han hecho proverbiales, como es el caso de la imagen de la paja en el ojo del prójimo y la viga en el propio, o la imagen de la montaña que la fe puede arrojar al mar. A lo largo de la historia han tenido éxito aquellos soberanos y políticos que han sido capaces de atribuirse buenas imágenes. Cada uno de nosotros posee la facultad de crear imágenes. Para conseguirlo, simplemente hemos de confiar en el hemisferio derecho de nuestro cerebro, que es donde se generan esas imágenes, y despedirnos del hemisferio izquierdo del cerebro, que piensa de manera puramente racional.

RITO

*Escucha atentamente la voz de tu interior y deja que salgan a la superficie las imágenes que quieran emerger en silencio de tu interior. Después, pregúntate si dentro de ti reconoces las imágenes arquetípicas, como son: el sanador, el ayudador, el pacificador, el reconciliador, el rebelde, el reformador, el profeta...*

*Contempla estas imágenes y pregúntate en qué momentos te han puesto todas o alguna de ellas en contacto con tus capacidades. Y pregúntate también en qué situaciones se han vuelto esas imágenes demasiado grandes para ti. ¿En qué punto han sido para ti esas imágenes una sobrecarga? ¿Cuándo han dejado de ser adecuadas para ti? Habla con las imágenes. Agradéceles que te hayan puesto en contacto con las fuerzas de tu alma. Pero, a continuación, aléjate de ellas y, hablando contigo mismo, di: «A veces está en mis manos ayudar, curar, hacer que reine la paz, armonizar... Pero yo no soy ningún ayudador, ningún sanador, ningún pacificador, ningún armonizador. Soy, simplemente, un ser humano. Es verdad que Dios me ha dado ciertos dones. Y estos dones los conozco a través de estas imágenes».*

# 9

# El fuego y el agua, imágenes bíblicas salutíferas

*Burnout*, estar quemado, estar agotado: son imágenes que describen nuestro estado interior y que pueden también fijarse negativamente en nuestra alma. Por lo tanto, necesitamos imágenes que nos protejan de ello y de las que hablaré a continuación. Me gustaría empezar recordando imágenes del fuego y del agua como imágenes directamente contrapuestas a las de estar quemado o agotado. Son imágenes que tienen una fuerza positiva, porque me vinculan con algo trascendente. En ambas imágenes, la del agua y la del fuego, se reflejan también bellamente las designaciones gráficas de acciones como fluir (*flow*) y arder o quemarse (*burnout*).

## *El fuego interior*

De algunas personas se dice a veces que tienen fuego en su interior, o que echan fuego por los ojos. Con estas expresiones queremos afirmar que se trata de personas muy vivas, que de ellas se desprende algo que llama nuestra atención, que se inflaman por algo, que hacen algo con pasión o entusiasmo. También Jesús tiene presente la imagen del fuego cuando dice: «Vine a traer fuego a la tierra, ¡y cuánto desearía que ya hubiera prendido!» (Lucas 12,49). El fuego que Jesús trae a la tierra es el Espíritu Santo que nos envía después de su resurrección. El Espíritu Santo descendió en forma de lenguas de fuego sobre los discípulos de Jesús, cuyo lenguaje inflamó, gracias a lo cual dieron con las palabras capaces de conmover a sus oyentes. Con sus palabras, los discípulos de Jesús iniciaron un fuego que hasta el día de hoy permanece activo en el mundo y sigue animando a muchas personas a vivir y a configurar el mundo de acuerdo con el Espíritu de Jesús. Además, según un dicho que se ha transmitido fuera de los Evangelios, Jesús afirma que él mismo es fuego: «Quien está cerca de mí está cerca del fuego; quien está lejos de mí está lejos del reino (es decir, de la vida)». En cierta ocasión, después de escucharlo mientras caminaban con él, comentaron sus discípulos: «¿No ardía nuestro corazón mientras nos hablaba por el camino y nos explicaba las Escrituras?» (Lucas 24,32). En Jesús había un fuego que ardía sin consumir, porque era el mismo Espíritu Santo el que ardía en él.

Si Jesús nos envía el Espíritu Santo, también dentro de nosotros hay un fuego que no se extingue. Hacemos bien cuando, a punto de experimentar el *burnout*, detenemos nuestra mirada ante esta imagen del fuego interior. Un ejecutivo me dijo en cierta ocasión que se sentía como un cohete quemado. Al aludir expresamente a esta imagen, se reforzó el sentimiento que tenía de sí mismo. Yo le aconsejé: «Siéntate en silencio, cierra los ojos y desciende hasta el fondo de tu alma. Allí te experimentarás quemado del todo. Todo allí es ceniza en ti. Pero luego desciende a mayor profundidad. Imagina que debajo de esa ceniza todavía arde una brasa. Ponte en contacto con ella. Imagina que soplas sobre ella y que, de pronto, se aviva y finalmente comienza arder de nuevo». Debajo de la ceniza hay en nosotros una brasa. Yo la denomino la brasa del Espíritu Santo. Él está en nosotros, lo queramos o no. Pero a menudo no profundizamos lo suficiente para llegar al fondo de nuestra alma. Por eso nos encontramos con la ceniza. Si confiamos en la brasa que arde dentro de nosotros, podemos imaginar cómo, poco a poco, desde lo más profundo de nuestra alma, ese rescoldo irradia calor hacia arriba. Nuestro corazón vuelve a caldearse. De nuevo sentimos el fuego en nosotros. A veces se trata tan solo de una brasa en reposo, pero luego se anima nuevamente, y brota de nosotros un fuego que caldea también a otros.

### *La zarza que arde sin consumirse*

La Biblia nos presenta otra imagen que puede sernos de utilidad para combatir el *burnout*. Es la imagen de la zarza que arde sin consumirse. La zarza es una imagen del sentimiento que respecto de sí mismo tiene Moisés, obligado a vivir en tierra extraña. Tras su fracasado intento de ayudar a los miembros de su tribu en Egipto, tuvo que huir al extranjero. Al hijo que le había dado su esposa madianita le puso por nombre Guersón, que etimológicamente podría significar «Huésped del desierto». Al ponerle este nombre, Moisés dijo: «Soy forastero en tierra extranjera» (Éxodo 2,22). El matorral de zarzas que se encontraba al borde del desierto es un arbusto sin valor, totalmente inútil. Es una representación gráfica del fracaso, de estados como la sequía, la aridez y el agotamiento total, de inutilidad, de no merecer ser tenido en cuenta. Sin embargo, esta zarza arde, pero sin consumirse. Aquí veo yo una hermosa imagen. Yo soy la zarza. Me siento vacío, seco, fracasado, despreciado, exhausto. Pero, a pesar de todo, algo arde en mí sin que yo me queme. A pesar de toda mi debilidad, en mí está también el fuego de Dios, la gloria de Dios, la fuerza de Dios. Sigo siendo una zarza, pero en mí arde el fuego divino. Desde el fuego habló Dios a Moisés para encomendarle una misión: «¡Te envío al faraón para que saques de Egipto a mi pueblo, a los israelitas!» (Éxodo 3,10). Moisés empieza poniendo dificultades para aceptar este encargo. Se siente personalmente débil, como la zarza. Pero Dios no cede. Le hace una promesa: «¡Yo estoy contigo!» (Éxodo 3,12). Esto debe bastarle a Moisés. A pesar de su debilidad y su vacío, Moisés debe hacer algo grande, no porque él mismo disponga de la fuerza necesaria para ello, sino porque Dios está con él y porque, además, el fuego de Dios arde en él sin consumirlo.

También esta es, en mi opinión, una imagen que hoy puede sernos útil. Cuando me siento vacío y exhausto, imagino que yo soy la zarza inútil y reseca. No se me ocurren ideas nuevas; no hago por mi cuenta nada que merezca la pena. Pero Dios ha escogido este arbusto para que en él arda su fuego. Y porque la fuerza de Dios está en mí, y este Dios me cree capaz de algo, por eso, a pesar de mi absoluta debilidad, puede salir de mí algo grande. Puedo conducir a la libertad a otros que se sienten tan inútiles como yo. He experimentado dolorosamente mi propia alienación. Ahora, con la ayuda de Dios, estoy en condiciones de conducir a otros hacia sí mismos, hasta que alcancen su propio centro.

### *La fuente que jamás se agota*

En lugar de la imagen del fuego, el Evangelio de Juan muestra su preferencia por la imagen de la fuente. A la mujer samaritana le habla Jesús de una fuente interior: la que cada cual lleva dentro de sí. Jesús y la mujer hablan

–al principio, del modo más espontáneo y superficial– sobre el agua que la mujer viene a sacar del pozo de Jacob. Pero a continuación Jesús cambia de registro y se pone a hablar de otra clase de agua: «Quien beba de esta agua vuelve a tener sed; pero quien beba del agua que yo le daré no volverá a tener sed, porque el agua que yo le daré se convertirá dentro de él en manantial que brota dando vida eterna» (Juan 4,13-14). Jesús habla aquí del Espíritu Santo, que él envía a los hombres. Este Espíritu Santo actúa en nosotros como una fuente que nunca se agota. Siempre podemos beber de ella, sin que jamás llegue a secarse.

También esta es para mí una hermosa imagen, en la que medito siempre que me siento personalmente agotado. Entonces me hago la siguiente composición de lugar: por debajo de mi agotamiento y mi cansancio brota, en el fondo mismo de mi alma, una fuente que nunca se agota. Si estoy en contacto con ella, esta fuente vuelve a manar en mí. Y de nuevo me siento refrescado. Y a pesar de mi cansancio, puedo recuperar la permeabilidad y hacer, al instante, precisamente aquello que ahora se me exige. De todos modos, esta fuente no es una cisterna o depósito del que yo pueda abastecerme simplemente para proseguir el viaje. Más bien, se trata de una fuente a la que únicamente me está permitido acudir para saciar mi sed si soy permeable, si dejo de lado mi ego. En adelante, no tendré ya que rendir o producir algo. Más bien, tendré que dejar que a través de mí fluya todo. Aunque estoy cansado, de mí emanan ideas creativas. Y puedo comprender el diálogo. Pero no necesito controlarme. No me esfuerzo, sino que, en mi cansancio e impotencia, me vuelto transparente para la fuente del Espíritu Santo.

*Un manantial en el desierto*

Quien se siente quemado recurre a menudo a la imagen del desierto para describir su estado: personalmente, se siente como en un desierto. Corre serio peligro de morir de sed. El Antiguo Testamento siente predilección por la imagen del desierto. De todos modos, siempre recuerda también que en medio del desierto hay un oasis, un manantial o un pozo del que podemos beber: «Brotará agua en el desierto, torrentes en la estepa, el páramo será un estanque, lo reseco un manantial», anuncia el profeta Isaías (35,6-7). Dios promete a su pueblo: «Ofreceré agua en el desierto, ríos en el yermo, para apagar la sed de mi pueblo, de mi elegido» (Isaías 43,20).

Las experiencias del desierto forman parte de nuestra vida. Nos sentimos en el desierto cuando no somos comprendidos, cuando en nuestro trabajo sufrimos acoso u hostigamiento laboral (*mobbing*), cuando sentimos que nos faltan las fuerzas para seguir adelante. Las palabras del profeta se presentan como un triste consuelo en esas circunstancias, como si de un espejismo se tratara. Sin embargo, si dejamos que esas palabras penetren en nosotros, nos ponen en contacto con el manantial interior que cada cual lleva dentro de sí. Y de este manantial siempre podemos beber. Simplemente, debemos detenernos, guardar silencio y escuchar la voz de nuestro interior. Descubriremos entonces este manantial en el fondo mismo de nuestra alma.

## RITO

*Escoge una de las imágenes descritas en este capítulo –el fuego interior, la zarza que arde sin consumirse, la fuente interior, el manantial o el pozo en el desierto– y medita sobre ella. No reflexiones sobre ella, sino imagínala dentro de ti. Dite a ti mismo: «Yo soy la zarza que arde. Dentro de mí está el fuego, la fuente, el manantial, el pozo». Y luego intenta, a través de la imagen, sentir en el fondo de tu alma la cualidad que expresa esa imagen. Confía en que lo que describe la imagen está dentro de ti, te mantiene vivo y te protege de terminar quemado, víctima del* burnout.

# 10

# El poder de los ritos

*Experimentar de nuevo la interconexión de la vida*

AARON Antonovski ha desarrollado la idea y el concepto de «salutogénesis». A este terapeuta judío le interesa todo aquello que cura a las personas. Como psicólogo que es, se pregunta por los recursos que tiene a su alcance el ser humano para no verse agobiado por los traumas psíquicos que haya podido padecer, e incluso para crecer a partir de ellos. La «salutogénesis» puede indicarnos también los recursos necesarios para protegernos del *burnout*. Antonovski habla del sentimiento de coherencia. Con esta expresión se refiere al sentimiento de que mi vida tiene una conexión interna y que, por lo tanto, no se reduce a un cúmulo de casualidades. Una posibilidad de experimentar la interconexión de la vida nos la ofrecen los ritos, los cuales me ponen en contacto conmigo mismo. En medio del desgarro de la vida cotidiana, los ritos crean un espacio en el que todo yo existo y me hago presente.

Cada vez que los celebramos, los ritos nos arrancan de la rueda de hámster del trabajo, creando un momento de quietud en medio del ajetreo de la vida cotidiana y liberándonos de la presión a que una y otra vez nos vemos expuestos. Estructuran nuestra vida cotidiana y son, al mismo tiempo, algo distinto de la vida de cada día. Los ritos son un regalo que me concedo a mí mismo, una pequeña pausa que me tomo para poder respirar a fondo. En los ritos tengo la impresión de ser yo mismo quien vive, en lugar de vivir como me imponen las circunstancias exteriores. La idea de que los ritos ofrecen una buena ayuda preventiva contra el *burnout* la ha subrayado también Klaus Werle en un artículo publicado en *Spiegel online*. Este autor cita al especialista en *burnout* Hans-Peter Unger, quien aconseja mantener «una cita con lo sagrado cada semana, que irrevocablemente sea utilizada para satisfacción personal». Los ritos me ofrecen un espacio de libertad que solo a mí me pertenece y que no puede ser ocupado por otros.

Los ritos suelen ir acompañados de imágenes. De hecho, me transmiten imágenes buenas, en oposición a las imágenes negativas que conducen al deterioro total. En efecto, un rito está siempre al servicio de una imagen que querría describir. La psicología de la religión afirma que, en su concepción original, los ritos son «sueños danzados». Desde su origen muestran las imágenes que los seres humanos han visto en sueños. A los hombres espiritualmente dotados se les revela en el sueño un camino capaz de conducir a una vida lograda. Además, los ritos también nos ponen en contacto con recursos interiores a los que, de no ser así, nunca tendríamos acceso. Por eso precisamente, por esta cualidad más profunda que poseen, los ritos son un medio eficaz contra el *burnout* y el agotamiento.

*Tiempos y lugares sagrados*

A continuación, querría relacionar ritos e imágenes en un doble sentido. Por una parte, me gustaría describir en cada caso los ritos en relación con diversas imágenes. Gracias a la celebración de los ritos se forman en nosotros muchas imágenes positivas. Por otra parte, también desearía presentar los ritos como el lugar adecuado para entrar en contacto con imágenes interiores salutíferas. Los ritos pueden conectarnos con imágenes que nos protegen contra los bloqueos y contra el agotamiento total y que son capaces de disolver las imágenes negativas.

En lugar de ofrecer a los lectores una reflexión teórica sobre los ritos, quisiera mencionar aquí un par de imágenes que muestran la esencia de los ritos. Está, en primer lugar, la imagen que ya a los antiguos griegos les resultaba atractiva: los ritos crean un tiempo y un lugar sagrados. O también: un tiempo y un lugar santos. Y por «sagrado» –o «santo»– entendían algo que está sustraído al mundo, algo sobre lo que el mundo no ejerce poder alguno. Por otra parte, los antiguos griegos creían que solo lo sagrado podía curar. Lo sagrado pertenece a Dios, pero también me pertenece a mí. Lo que para mí es sagrado –o santo– nadie puede arrebatármelo. Y durante el tiempo sagrado nadie puede disponer de mí. Es algo que me pertenece en exclusiva. Entonces puedo concederme unos momentos de alivio, respirar a fondo. Tengo entonces la sensación de libertad interior. Además, el tiempo sagrado me lleva hacia el lugar sagrado, que puede ser un espacio exterior: para meditar y orar me recojo en un rincón, es decir, en un lugar concreto que solo me pertenece a mí. Este es mi espacio, en el que me siento protegido. Pero el lugar sagrado está también dentro de mí. Hay en mí un espacio al que no pueden acceder los demás con sus expectativas y exigencias, al que ni siquiera llega la presión externa. Es un espacio de silencio y de quietud. Ya en distintas ocasiones he descrito este espacio sagrado interior. Me limitaré ahora a recordar una vez más lo dicho, por el interés que tiene con respecto a la experiencia del *burnout*, porque, en mi opinión, el espacio sagrado es una imagen central que me ayuda a no quemarme.

Sobre este espacio sagrado de silencio dentro de mí afirma Jesús: «El reino de Dios está dentro de vosotros» (Lucas 17,21). Es un espacio en el que Dios reina en mí, en lugar de mi yo o de cualquier otro ser humano, ya se trate de un jefe o de un cliente. Y si Dios reina en mí, soy verdaderamente libre. En este espacio sagrado interior me experimento a mí mismo de cinco formas distintas. Y cada una de estas formas es, por así decirlo, una imagen que se contrapone al *burnout*.

### *Libre de exigencias exteriores*

Por de pronto, en el espacio interior de silencio estoy libre del poder de los seres humanos, de sus expectativas y exigencias, de sus deseos y opiniones. Cuando me recojo en este espacio interior, dejo de preocuparme de lo que otros puedan pensar de mí. Muchas personas malgastan su propia energía interior por preocuparse excesivamente de lo que puedan pensar los demás, lo cual puede llegar a angustiarlas. El espacio sagrado me libera de esta dependencia con respecto a lo que piensen los demás. Y me libera igualmente de la presión que sobre algunas personas ejercen las expectativas del entorno. Porque las expectativas de los demás no tienen acceso a este espacio interior.

Dentro del espacio sagrado me encuentro sano y salvo. Allí nadie puede herirme. Cuando estoy a punto de caer en el *burnout*, me manifiesto extraordinariamente sensibilizado. La idea de ir a trabajar me angustia. Porque, efectivamente, no sé quién va a herirme hoy: puede ser el jefe, con una de sus recurrentes críticas; o bien mis compañeros de trabajo, que dicen algo en mi contra; o tal vez algún cliente, que me ofende llevado de su impaciencia... Quien vive sometido a esta angustia consume muchas energías. En estas circunstancias, es saludable imaginar que ni las palabras ni las miradas ni los gestos hirientes pueden penetrar en ese espacio sagrado interior. Es verdad que las palabras hirientes seguirán ofendiéndome en la esfera emocional, y contra ellas apenas puedo defenderme. Pero por debajo de mis emociones se encuentra este espacio inviolable, al que puedo retirarme para disfrutar de mi integridad y mi totalidad personal. Ni siquiera el ambiente hostil que me rodea y me hace sufrir puede dañar a este espacio interior en el que me encuentro a salvo. Del acoso y de las flechas enemigas que desde fuera se lancen contra mí puedo defenderme retirándome y poniéndome a salvo en el espacio protector del silencio interior.

### *Soy original y auténtico*

Pero aún hay otro aspecto: dentro de este espacio sagrado, yo soy original y auténtico. Aquí entro en contacto con la imagen auténtica y original que Dios se ha formado de mí. Las imágenes que otros me han atribuido por su cuenta se disuelven. Pero incluso las imágenes de mi autodevaluación –«¡No soy la persona adecuada!» «¡Soy demasiado lento!» «¡No puedo hacer esto!»...– y de mis propios delirios de grandeza –«¡Debo ser siempre perfecto, elegante y afortunado»– tienen que dejar espacio a la auténtica imagen de Dios en mí. En lo más profundo de mí, donde soy plenamente original, no necesito ponerme a prueba. Pero tan pronto como entro a formar parte de un grupo, conozco mi tendencia a acomodarme: veo lo que se espera de mí y me adapto a esas expectativas. Sin embargo, esto conlleva un elevado consumo de energías. Y, sobre todo, no estoy plenamente seguro de lo que cada uno espera de mí. Cuando soy original y auténtico, me limito a ser sencillamente así, como soy. No me siento presionado para tener que demostrarme nada a mí mismo. Simplemente, estoy ahí. Y eso no consume energías. Es algo que más bien me pone en contacto con el ser puro, que es inagotable. Algunas personas opinan que deberían defender continuamente su autenticidad. Sin embargo, quien tiene que demostrar a los demás que es auténtico, no lo es. En efecto, quien es auténtico está simplemente ahí, sin tener que demostrar nada.

### *Soy claro y transparente... y me siento a gusto*

En mi situación de riesgo también es importante esto: ahí, en el espacio sagrado que hay dentro de mí, soy claro y transparente. Los sentimientos de culpa, siempre desagradables y que me obligan a malgastar muchas energías, no tienen acceso a este espacio. A menudo, sin embargo, lo que consiguen es hacerme huir constantemente de mí mismo. No encuentro la paz, porque, tan pronto como dejo de actuar, brotan en mi interior los sentimientos de culpa que me corroen. Nadie está libre de culpa. Nadie actúa siempre de manera irreprochable. Pero es importante que no nos detengamos en la culpa, sino que, pasando a través de ella, accedamos a ese espacio interior de silencio que permanece para siempre exento de culpa. Nuestro núcleo más íntimo no está corrompido por la culpa. Esto me permite alcanzar la paz interior, a pesar de las culpas reales o supuestas que pudiera tener. No reprimo la culpa, sino que la trasciendo, hasta alcanzar este espacio inocente que hay en mí. Dentro de él, nada ni nadie suscita en mí angustia: ni el juez interior que hay en mí ni la sentencia que puedan dictar jueces ajenos a mí. Cuando me siento culpable, dejo de tener acceso a mi fuente interior. Los sentimientos de culpa me apartan de mi centro interior. Me roban toda la energía. Por eso es tan importante poder retirarme siempre que sea preciso a este espacio interior de silencio, en el que me siento claro y transparente, sin culpa alguna y sin temor a que alguien pueda inocularme sentimientos de culpabilidad. Yo no niego mi culpa. Pero, a través de mi culpa, llego a ese mi espacio interior al que la culpa no tiene acceso, en el que yo soy claro y transparente. Ahí encuentro mi identidad.

Y, finalmente, en ese espacio donde Dios reina en mí, porque ha decidido establecer en él su morada, es donde también yo puedo morar como en mi verdadero hogar. Como afirmó el gran teólogo Karl Rahner, Dios es el misterio insondable. Ahí, donde habita en mí el misterio de Dios, puedo sentirme plenamente a gusto. En alemán, las palabras con que se expresan los conceptos de «hogar», «patria», y «misterio» son, respectivamente, *Heim*, *Heimat* y *Geheimnis*, que, como es fácil de comprobar a simple vista, están relacionadas etimológicamente. Únicamente puede sentirse uno en casa (*daheim*) allí donde habita el misterio (*Geheimnis*).

Esta es, pues, la primera imagen de los ritos: su poder de crear un tiempo y un lugar sagrados.

La segunda imagen no es para mí menos importante: los ritos cierran una puerta, pero abren otra.

*Los ritos cierran una puerta y abren otra*

Las personas que padecen *burnout* no pueden ya desconectar. Son incapaces de cerrar la puerta del trabajo. Nunca están consigo mismas. Aunque se encuentren en casa, el trabajo las persigue. Y el conflicto que han experimentado en el trabajo no las abandona ni siquiera durante sus vacaciones. Por eso, prácticamente no pueden descansar. Los ritos, sin embargo, cierran la puerta del trabajo. Esto puede presentarse de distintas maneras. Yo puedo, por ejemplo, hacer una pequeña pausa antes de abandonar el despacho. Trato conscientemente de dejar aparcado el trabajo en este espacio. Respiro lentamente y, de ese modo, me desprendo de todo cuanto hoy ha sucedido en este espacio. Cierro, por así decirlo, la puerta del trabajo y me marcho libre y contento a casa, para allí abrir la puerta de la familia y de la libertad. Puedo entonces estar plenamente allí donde precisamente estoy. Si no he cerrado la puerta del trabajo, en la familia todo me pondrá nervioso. Llegan los hijos y dan guerra. Me enervan. Sin embargo, los hijos advierten perfectamente si yo he cerrado la puerta del trabajo. Y si realmente la he cerrado, los hijos llegan también, pero notan que el padre –o la madre– está plenamente presente en el hogar. Y de esa manera se tranquilizan rápidamente y se entregan de nuevo a sus propios juegos. Pero si los hijos notan que el padre o la madre están interiormente desgarrados, enseguida uno contagia a los otros su inquietud, y el tiempo que pasan todos juntos se vuelve penoso. Uno tiene entonces la impresión de que todo resulta excesivo: el trabajo, la familia, los hijos, las numerosas expectativas que desde fuera se abalanzan sobre uno... Cuando he cerrado las puertas del trabajo y he abierto la puerta de la familia, estoy completamente presente. El tiempo que paso en la familia se convierte entonces para mí en descanso. Estoy allí con todo mi ser y puedo dedicarme por entero a los hijos o a algo que sea realmente importante en el hogar. En cualquier caso, no es una continuación del trabajo, sino una zambullida en otro mundo que me libera de la presión del mundo del trabajo. Después de haber dado una conferencia en una facultad universitaria, mantuve un breve diálogo con el director de la facultad y su esposa. Esta le preguntó a su marido: «¿Has oído exactamente lo que ha dicho el padre Anselm? Yo estoy cansada de decirte: "Cuando te sientas en la sala de estar, me gustaría hablar solo contigo y no con toda la facultad"». Esto nos lleva directamente a hablar de una tercera imagen.

*Los ritos me ponen en contacto conmigo mismo*

Cuando afirmo que los ritos me ponen en contacto conmigo mismo, quiero decir lo siguiente: salgo conscientemente de la rueda de hámster y me experimento a mí mismo. Hago conscientemente algo para mí. Leo algo y me sumerjo en la lectura. Salgo a pasear, y toda mi persona se pone a caminar. Corro y me entrego a la carrera. Medito y me pongo en contacto con mi propio centro personal. Siempre que consigo experimentarme a mí mismo, disminuye la influencia que recibo de mi exterior. Estoy conmigo mismo y no me dejo absorber por los problemas del trabajo ni por las expectativas externas. Si me experimento a mí mismo, todo lo exterior deja de tener poder sobre mí. Y a mí me resulta mucho más fácil diferenciarme de aquello que desde fuera afluye a mi persona. Quien vive en situación de *burnout* ha perdido la relación con su propio centro personal. Es incapaz de experimentarse a sí mismo. Únicamente siente la inquietud, el desgarramiento. Pero no se experimenta a sí mismo. No sabe quién es él realmente. No puede mantenerse consigo mismo. Y esto le inquieta. Quien está consigo mismo, quien se experimenta a sí mismo, encuentra paz, tranquilidad, calma y protección dentro de sí. En la imagen del proceso de arraigo personal aquí descrito se expresa un cuarto aspecto de la importancia de los ritos en nuestro contexto.

*Los ritos me ponen en contacto con mis raíces*

Muchos de los ritos que celebramos no los hemos creado nosotros, sino que los hemos recibido de nuestros padres o nuestros abuelos. Por ejemplo, la oración de la mañana o de la noche, la asistencia a la Misa dominical, el rezo del Padrenuestro, o los ritos que celebramos durante el tiempo de Navidad. Al celebrar ritos que ya practicaban nuestros antepasados, compartimos de alguna manera la fuerza de su vida y de su fe. Entramos en contacto con las raíces que sustentan nuestro árbol de la vida. Si nuestro árbol de la vida está desgajado de sus raíces, la primera crisis que tenga que afrontar conseguirá secarlo, porque no podremos defendernos de los ataques procedentes del exterior. En cambio, si nuestro árbol posee buenas raíces, no será tan fácil derribarlo. A menudo, también las depresiones están estrechamente relacionadas con la experiencia del desarraigo. Si hemos ido perdiendo poco a poco todas nuestras raíces, de modo que finalmente nos encontramos desgajados de nuestro fundamento, no tenemos nada que contraponer a nuestros estados de ánimo negativos.

*Los ritos crean relación e identidad*

En los ritos experimento mi propia identidad. Pero, además, los ritos crean también una identidad familiar y un sentimiento de compañerismo. Los ritos que celebro en casa generan en mí un sentimiento de comunidad. Formamos un conjunto, somos una familia. En los ritos expresamos sentimientos de los que apenas hacemos gala durante el resto del día. Y esto nos une. Tenemos el sentimiento de ser una comunidad. Disfrutamos de la vida compartida.

Estos ritos también serían importantes en la vida profesional. Investigaciones llevadas a cabo en el campo de la economía industrial muestran que en algunas empresas el abandono de los ritos ha venido acompañado de un descenso en el rendimiento, lo cual, a primera vista, no deja de ser paradójico. La celebración de ritos supone tiempo. Si en mi departamento tenemos la costumbre de celebrar el cumpleaños de cada uno tomando juntos un café, ello exige emplear un cierto tiempo. Pero este tiempo no cuenta desde el punto de vista de la economía de la empresa. Porque el rito hace que los trabajadores se unan. Hay un sentimiento de camaradería que constituye una importante fuente de energía para el trabajo. Gracias a esta experiencia, no veo a mis compañeros de trabajo como contrincantes. Los ritos me conectan con ellos en otro plano distinto del laboral. Y esto precisamente me da energía y me impide caer en el aislamiento, que con bastante frecuencia conduce al *burnout*. Si, gracias a los ritos que han celebrado juntos, los compañeros de trabajo sienten que forman parte del mismo grupo humano, esta es para ellos una importante fuente de energía. Antonovski hablaría aquí de una fuente de inmunidad social. Los ritos crean comunidad, y en una empresa generan identidad empresarial. Y si yo me identifico con la empresa, trabajo más a gusto para ella. El trabajo no me roba entonces la energía.

*Establecer ritos contra el «burnout»*

Los ritos ofrecen una buena oportunidad para entrar en contacto con imágenes curativas. Los ritos que practico puedo conectarlos con imágenes que yo conscientemente presento contra el agotamiento laboral. Un ejemplo: siento angustia al pensar que mañana he de presentarme en la empresa para trabajar, porque no sé qué me va a suceder hoy si enseguida me veo implicado en conflictos que me sobrepasan o si debo hacer frente a problemas para los que no tengo solución. Esta angustia me paraliza y me roba la energía. Un buen rito que puedo invocar para combatir esta angustia consistiría en ocupar el rincón donde suelo meditar y orar, alzando mis manos en señal de bendición. A continuación, me imagino que, a través de mis manos, la bendición de Dios fluye a raudales por los espacios donde yo trabajo. Y hago que esa bendición alcance a todas las personas con quienes o para quienes trabajo, a mis compañeros de empresa, incluso a aquellos más difíciles, que a menudo me provocan miedo, y a los clientes, incluidos los más desagradables, a quienes yo evitaría de buena gana. Si permito que la bendición fluya hacia esas personas, dejo de considerarme víctima de mis colegas y clientes difíciles o de las personas que me han ofendido. Abandono el papel de víctima y activo mi energía contra la angustia que me paraliza. De todos modos, esta energía no es a costa de mis propias fuerzas, porque, en último término, es la bendición de Dios –energía divina– la que fluye hacia los demás a través de mí.

*Cuando bendecimos, dejamos el papel de víctimas*

Muchas personas que padecen *burnout* tienen la sensación de ser víctimas de algo o de alguien: víctimas de una presión excesiva; víctimas de unas expectativas inalcanzables; víctimas de unas estructuras injustas... A menudo nos convertimos en víctimas. De esto no cabe la menor duda. Pero es nuestra obligación abandonar el papel de víctimas. Porque si insistimos en considerarnos víctimas, nosotros mismos nos robamos toda la energía. Cuando bendecimos, abandonamos el papel de víctimas. Y tan pronto como dejamos de cumplir esta función, sentimos que la energía corre de nuevo por nuestras venas.

Jesús dice que debemos bendecir a quienes nos maldicen, a quienes hablan mal de nosotros, a quienes nos ofenden con sus palabras (Lucas 6,28). Así, por ejemplo, quien padece *burnout* tiene la sensación de que en la empresa donde trabaja hay muchas personas que no lo miran con buenos ojos, que lo ofenden. Y cuanto más hondo cala en él este sentimiento, tanto peor le va. En la bendición, yo mismo me protejo de la energía negativa que recibo de esas personas. Me protejo si a esas personas les envío la bendición de Dios. Esto me ayuda, además, a encontrarme con ellas de otra manera. No necesito inclinarme ante ellas, pues puedo tratarlas de tú a tú. Y entonces empezaré a verlas con otros ojos. No son simplemente personas que me han ofendido a mí, sino seres humanos que también han recibido ofensas y anhelan estar en paz consigo mismos. También ellos son seres humanos bendecidos. Por eso puedo encontrarme con ellos de otra manera.

### *No instrumentalizar lo lúdico y sin objetivo aparente*

Los ritos nos inculcan la imagen de lo lúdico, de lo gratuito y sin un objetivo ulterior aparente. Por ello, hemos de hacer un esfuerzo para no instrumentalizarlos. Yo no practico este rito para estabilizar mi salud psíquica. Eso significaría que convierto el rito en una actividad productiva, de la que espero obtener un rendimiento. Necesitamos dar cabida en nuestra vida a lo lúdico, a acciones que no persigan otra finalidad que no sea el gozo que experimento al realizarlas. Me tomo la libertad de hacer esto simplemente porque me apetece. A primera vista, hacer algo porque a uno le apetece parece ser más bien lo contrario de un rito. Pero yo puedo hacer que para mí sea un rito el hecho de permitirme conscientemente algo en un determinado momento. Por ejemplo, para mí es un buen rito, cuando regreso cansado del trabajo o cuando estoy escribiendo y no se me ocurre nada más, tumbarme sencillamente durante diez minutos en la cama y pensar: «Ahora no tengo que hacer absolutamente nada. Me permito, simplemente, estar aquí tumbado, disfrutando del peso de mi cansancio». Esto hace que luego me sienta liberado de toda presión. A otra persona, cuando vuelve a casa después del trabajo de cada día, puede agradarle sacar a pasear a su perro. A algunos ejecutivos no les gusta que otros los vean cuando realizan una actividad sin un ulterior objetivo aparente. Les angustia la mera idea de que otros puedan decir: «¡Qué bien vive este...! Tiene tiempo para sacar a pasear su perro. ¡Evidentemente, no tiene mucho que hacer!» Cada cual debe prescribirse a sí mismo un rito para, de esa manera, experimentar en su vida esta libertad interior y esta dimensión lúdica.

Para que realmente gusten, los ritos necesitan apelar a la libertad interior y a la dimensión lúdica de quien los practica. Pero también necesitan ser repetitivos. Esto nos alivia de la presión de tener que decidir cada día si celebramos o no un rito determinado. Debemos apropiárnoslo como si de nuestra carne y sangre se tratara. Solo entonces desplegará el rito su auténtica fuerza, su poder terapéutico, liberador y motivador.

## RITO

*Para interiorizar la imagen de la diferenciación y la protección de uno mismo, propongo a mis lectores el rito siguiente, que puede realizarse al final del día, o incluso antes de asistir a una reunión, para protegerse de las posibles influencias negativas. Me pongo en pie y cruzo mis brazos sobre el pecho. Cierro, por así decirlo, la puerta e imagino: «Las personas con quienes voy a encontrarme en esta reunión no tienen en este momento posibilidad alguna de penetrar en mi espacio interior». Me abro emocionalmente a estas personas. Pero no dejo que se cuelen en el espacio interior. Este rito puedo realizarlo antes de una reunión, para después, durante la reunión misma, recordarlo siempre que me parezca oportuno. Este recuerdo puedo facilitarlo haciendo que, sin que los demás lo noten, ponga mi mano sobre el vientre o sobre el pecho, o que una de mis manos roce la otra. Lugo recuerdo: «Ahora estoy conmigo mismo. Y si estoy conmigo, los demás no tienen poder alguno sobre mí». Y no dejo que los demás penetren en mi espacio interior.*

*

*Muchas personas utilizan su energía para reprimir sus lados de sombra. Quieren aparecer antes los demás como individuos absolutamente fuertes y dueños de sí mismos. Aunque, por desgracia, esto va a suponerles un enorme gasto de energía.*

*Cuando, al anochecer, ensaye el gesto de colocar mis brazos cruzados sobre el pecho, a continuación me imaginaré: «Estrecho entre mis brazos lo fuerte y lo débil, lo sano y lo enfermo, lo que se ve coronado por el éxito y lo que fracasa, lo logrado y lo malogrado, lo claro y lo oscuro, lo vivo y lo petrificado, la brasa que hay en mí y lo quemado». Cuando yo mismo me abrazo de esta manera, me acepto tal como soy. Ahorro así mucha energía. Estoy en armonía conmigo mismo.*

*

*La imagen de la libertad podemos grabarla cada vez más profundamente en nosotros realizando un rito basado en la idea de caminar o de correr. Yo puedo desentenderme o desmarcarme de preocupaciones, de cuidados, de presiones...: de aquello que me pesa. Al correr experimento algo de la libertad interior, de la ligereza y la facilidad. Dejo algo detrás de mí. Me libero de aquello que me agobia. Dejo, por así decirlo, que se caiga.*

# 11

# Ocio y descanso: renovación interior

*Estar plenamente presente*

MUCHAS personas que padecen *burnout* experimentan el tiempo como un enemigo interior. El tiempo las devora. Los griegos expresaban esta idea por medio de la palabra *krónos*: el tiempo que puede medirse (con un cronómetro). Un tiempo que nunca es suficiente. Cada plazo de que dispongo se me acaba, y tengo que pensar en el siguiente. *Krónos* es el tiempo que me devora. Sin embargo, los griegos conocen otra denominación para el tiempo: *kairós*, «tiempo oportuno», «tiempo placentero». En el evangelio, Jesús habla siempre de este tiempo que nos ofrece una nueva oportunidad. Que para mí el tiempo sea *krónos* o *kairós* depende de la actitud que yo adopte con respecto al mismo. Si vivo inmerso en el momento presente y no me dejo llevar por las prisas, el tiempo se convierte para mí en una oportunidad. Lo único que debo hacer ahora es estar plenamente presente en cada instante. Estoy presente simplemente, sin presión, sin prisas. Sencillamente, estoy ahí. Lo cual no significa que no haga nada, sino que estoy completamente presente en lo que hago. El trabajo se realiza entonces sin dificultad, sin verme presionado ni tener que sufrir estrés.

Para que el tiempo se convierta para mí en una ocasión oportuna, conviene que preste atención a mi ritmo. C.G. Jung opina que quien trabaja de acuerdo con su propio ritmo puede hacerlo de manera sostenible y eficaz. La naturaleza tiene su ritmo. Y cada persona su propio biorritmo. Y es bueno permanecer atento a este ritmo interior y no luchar contra él. De lo contrario, malgastaremos nuestras energías, que el ritmo conserva en situación de equilibrio. El ritmo condiciona la distribución de oración y trabajo, de sosiego y actividad, de ocio y apuesta en favor de los seres humanos.

Un director de banco me hablaba en cierta ocasión de reuniones de diez horas de duración y sin auténticas pausas. Del resultado de una reunión que dura diez largas horas de reunión únicamente destacan ciertas agresiones. Seguramente se trabaja mucho, pero no se obtienen verdaderos frutos. Luego se requerirá mucho tiempo para desmontar esas agresiones y sus consecuencias. Quien hace verdaderas pausas se vuelve más creativo. Se pone siempre de nuevo en contacto con su fuente interior. Y se le ocurrirán nuevas ideas, que no pueden salir a la luz durante una concentración que se prolonga durante diez horas.

### *El ocio no es ociosidad*

Los filósofos griegos y romanos elogiaron en ocasiones el ocio. El ocio es el tiempo libre dedicado al descanso. Pero ocio no significa ociosidad, que es la situación de alguien que no sabe qué hacer ni por dónde empezar. Como dice el refrán, «la ociosidad es el origen –o la madre– de todos los males». San Benito advierte a sus monjes de los peligros de la ociosidad, que les priva de la adecuada tensión, la que los mantiene orientados hacia Dios. En contraposición con la vacía ociosidad, el ocio es el tiempo apropiado para reflexionar sobre las realidades esenciales de la vida. Los latinos llamaban *otium* a este tiempo libre. El trabajo es, por definición, la «negación del ocio»: *neg-otium*. Los griegos se referían al ocio con el término *skholḗ*, de donde se deriva la palabra «escuela». La raíz de esta última palabra es *ekhein*, que significa «tener», pero también «interrumpir el trabajo, hacer una pausa». El ocio es el momento en que se interrumpe el trabajo para encontrar un asidero interior. Quien está quemado o totalmente agotado ha perdido su centro interior, carece de asidero íntimo al que pueda aferrarse con fuerza. En el ocio, lo realmente significativo es que quien interrumpe la actividad personal lo haga para penetrar en su propio interior e instalarse en él. En el alemán medieval, el término *haltaere* designaba conceptos tan dispares como «pastor», «guardián», «receptor» y «salvador». Si encuentro mi asidero interior, mi centro de estabilidad, conservaré mi verdadero yo. Me convertiré en pastor de mí mismo. Desaparecerá todo aquello que me tiene atrapado. Me sentiré libre. Me recibiré a mí mismo nuevamente. Habré nacido de nuevo.

Quien se halla en peligro de quemarse debe concederse a tiempo y, cuantas veces sea necesario, momentos de ocio. En el ocio penetro en mi interior. Ahora, de pronto, me permito el lujo de no hacer nada. No pienso en la tensión que experimento en el trabajo o en mis relaciones. Disfruto de tiempo libre. Miro dentro de mí y encuentro asidero y amparo. Me renuevo, porque al entrar dentro de mí descubro y sigo el rastro de mi auténtico yo.

RITO

*Tómate un poco de tiempo. Piensa: «Ahora no debo hacer nada. Vivo simplemente el instante presente. Este instante me pertenece. Yo vivo en él. Y cuando ahora me ponga de nuevo a trabajar, intentaré también vivir en el instante presente, plenamente centrado en el diálogo que ahora precisamente mantengo, plenamente entregado a la tarea de escribir mis correos electrónicos, plenamente centrado en las llamadas de teléfono que atiendo. Ni mientras dialogo, ni mientras escribo, ni mientras hablo por teléfono voy a dejar que la presión me domine. Centro mi atención plenamente en el momento presente». Ensáyalo una y otra vez. Notarás que la presión no se apodera de ti, que el tiempo no te devora, sino que lo experimentas como un tiempo agradable. Haces una cosa después de otra, y cuando estás haciendo una cosa, no piensas ya en la siguiente.*

# 12

# Dar alas al fluir

## *Enfoque y variación*

¿CÓMO consigo, pues, que mi trabajo fluya? Mihaly Csikszentmihalyi opina que una de las formas de conseguir la sensación de fluir consiste en centrar la atención en lo que se está haciendo en cada momento. De todos modos, hay según él una segunda manera de conseguirlo: la variación. No es fácil centrar durante mucho tiempo la atención en una misma cosa, porque termina uno quedando encerrado en una especie de jaula interior. Sobre este tema opina: «Son muchas las personas que trabajan muy duramente, que son diligentes y meticulosas y tienen conciencia de su responsabilidad, pero viven constantemente con la angustia de equivocarse, por lo que actúan casi siempre a la defensiva y adoptan una actitud tensa, que es lo que, en definitiva, les impide ser verdaderamente creativas. En efecto, esta es también una capacidad que se requiere para ser lúdico en la vida: tener el valor de abordar las cosas de distinta manera de como se ha venido haciendo» (p. 63).

*Abandonarse confiadamente a lo que uno hace*

La investigación sobre el estrés habla hoy del equilibrio que debe darse entre el trabajo y la vida, así como de la necesidad consiguiente de alternar actividad y descanso. Los primeros monjes cristianos, hace 1.650 años, eran ya conscientes de este problema. Para ellos, la fluidez del trabajo era señal inequívoca de una buena espiritualidad. De san Antonio, ermitaño y uno de los fundadores del monacato cristiano, se cuenta que se pasaba horas haciendo cestas. Y que sus manos realizaban el trabajo con gran facilidad. Al verlo, otro monje, le dijo: «Tus manos revelan una gran fuerza». La condición que hacía que el trabajo fluyese con tanta facilidad de sus manos era la libertad interior del propio yo. Antonio no pretendía alcanzar de esa manera un elevado nivel de rendimiento con su trabajo, ni tampoco producir más que otros monjes. Simplemente, se entregaba al trabajo y, mientras tanto, recitaba la oración de Jesús. Era una actividad meditativa. En realidad, tampoco esta es la actividad creativa de la que escribe Csikszentmihalyi, pero Antonio veía su trabajo como un adiestramiento en la libertad interior frente al propio yo. Él, simplemente, se entregaba a lo que hacía. Si estamos permanentemente pendientes de los demás, que juzgan nuestra acción, o si nosotros mismos evaluamos lo que hacemos, el trabajo no fluirá fácilmente, y luego tendremos que emplear una excesiva energía en reflexionar sobre la valoración que ha merecido nuestro trabajo.

*Un ritmo saludable*

En cualquier caso, hay una segunda condición –que también nos indica ya Antonio– para conseguir la fluidez en el trabajo: se trata de mantener un ritmo saludable. Antonio alterna oración y trabajo, meditación y acción. También él tuvo que empezar aprendiendo este método. Cuenta la leyenda que en cierta ocasión Antonio, con actitud malhumorada y ánimo sombrío, se sentó en el desierto y vio cerca de él a otro monje que se le parecía. «Estaba sentado allí y trabajaba, después se levantaba del trabajo y oraba, volvía a sentarse y seguía tejiendo su cesta, pero de nuevo se ponía en pie para orar. Aquel monje era en realidad un ángel del Señor que había sido enviado para instruir y ofrecer seguridad a Antonio. Este oyó que el ángel le decía: "Obra tú del mismo modo y obtendrás la salvación". Al oír estas palabras, Antonio se llenó de alegría, y esa manera de trabajar le sirvió de gran ayuda» (*Apophthegmata* 1). Como Antonio realizaba siempre el mismo trabajo, y eso le creaba mucha tensión, terminó cayendo en un sombrío estado de ánimo, hasta sentirse finalmente «quemado» y profundamente descontento de sí mismo. Sin embargo, cuando empezó a cambiar de postura –ahora se sentaba y a continuación se ponía en pie–, a intercalar diversas acciones –ahora trabajaba y luego rezaba– y, finalmente, cuando se acomodó al ritmo interior de su alma, se sintió lleno de alegría. Entonces disfrutaba al trabajar y se mostraba creativo en su trabajo. Los monjes expresaron esta experiencia con las siguientes palabras: «Todo exceso procede del demonio». Trabajar excesivamente es tan nocivo como orar en exceso. Ha de buscarse el debido equilibrio y, además, el ritmo adecuado. La naturaleza es inagotable, porque en ella el nacer y el morir transcurren de acuerdo con un ritmo sano.

Conviene precisar, de todos modos, que al hablar de ritmo «adecuado» o «correcto» no debemos pensar únicamente en una sucesión temporal equilibrada. Más importante que esto fue el hecho de que a través de la meditación y la oración Antonio logró entrar en contacto con su fuente interior. Tal es el sentido de la consigna monacal «*ora et labora*»: no solo nos invita a intercalar en nuestra vida de manera equilibrada ambas acciones, sino que al orar nos conecta con la fuente interior, a la que luego podemos recurrir para apagar nuestra sed en el trabajo, sin que se agote. Es evidente que la oración no puede ser el camino que conecte a todos y cada uno de los ejecutivos o empresarios, a todos y cada uno de los trabajadores y funcionarios, con la fuente interior de cada uno de ellos. Pero cada una de estas personas tiene esta fuente inagotable en su interior. De lo que realmente se trata es de que cada cual encuentre el modo de entrar en contacto con esa fuente, para poder luego beber de ella.

# 13

## Cinco vías hacia la fuente interior de energía

QUISIERA describir en este capítulo cinco vías que están hoy al alcance de cualquier persona para entrar en contacto con su propia fuente interior. Tales vías –o al menos algunas de ellas– protegen a quienes las recorren del peligro de agotarse y acabar «quemados». He escogido estas cinco vías, aunque algunas podrían ser desglosadas a su vez en varias vías distintas. Todas ellas tienen en común un importante rasgo: todas conducen a la paz interior.

### *La protectora energía vital de la naturaleza*

Muchas personas entran en contacto con su fuente interior a través de la naturaleza. ¿Por qué? En mi opinión, por dos motivos fundamentales. Por una parte, se experimenta la energía vital de la naturaleza. Toda la creación está penetrada del Espíritu de Dios, de una energía vital incontenible. Cuando en primavera paseamos por prados, campos y bosques, la vitalidad sale a nuestro encuentro por todas partes. Esta vitalidad, esta energía vital que hace que la naturaleza florezca, está presente también en nosotros. Al caminar conscientemente por la naturaleza, nos hacemos partícipes de dicha energía vital. Percibimos que no estamos «quemados» o interiormente resecos. Esa vida que vemos desplegarse a nuestro alrededor se mueve también dentro de nosotros. El sol que nos ilumina nos pone en contacto con el fuego interior. El viento arrastra todo el cansancio y el polvo que haya podido ir acumulándose en nosotros. El agua del río o del lago a cuya orilla nos hemos sentado produce en nosotros efectos curativos y estimulantes. Conozco a muchas personas a las que el simple hecho de sentarse a orillas de un lago las reanima. Contemplan el silencio y la tranquilidad del agua y entran en contacto con su propia alma. En alemán, *Seele* («alma») y *See* («mar» o «lago») están etimológicamente emparentados. Al contemplar las olas, muchas personas tienen la sensación de que con ellas desaparece todo lo turbio y sombrío. El agua actúa sobre esas personas como un tranquilizante. Por otra parte, el agua contiene la promesa de que en todo ser humano hay una corriente de agua que no se agota, porque procede de la infinitud de Dios.

Un segundo motivo por el que los seres humanos entran en contacto con su fuente interior a través de la naturaleza lo veo yo en el hecho de que esta no juzga ni emite juicios de valor. Hablando con unos y con otros, he comprobado que la mayoría de las personas enjuician todo cuanto perciben en sí mismas, todo cuanto piensan y hacen. Hablan de su angustia, y automáticamente consideran que la angustia es enfermiza. Hablan de su situación de personas quemadas y de sus sentimientos depresivos, y enseguida valoran también todo ello como enfermizo, o se condenan a sí mismas por tal motivo. Estas personas suelen decir: «En realidad, no tengo motivo alguno para estar agotado. Tengo una buena familia, y mi trabajo me gusta realmente. No sé a qué se debe mi agotamiento. Tal vez yo sea demasiado débil. Tal vez me haya reprimido en exceso». Y cuanto más hurgan en sí mismas en busca de causas y más enjuician su agotamiento, tanto mayor es este y tanto menos se libran de él. Todo lo que subestimo en mí mismo se queda adherido a mí.

La naturaleza no juzga. En ella me está permitido ser sencillamente como soy. Y ello me permite descansar y entrar en contacto con mi fuente interior. Sin embargo, si me siento en un banco en un paraje solitario del bosque y no hago más que cavilar sobre los errores que he cometido y las razones que me han conducido a la deplorable situación en que me encuentro, seguramente no me recuperaré. Con mis valoraciones y mis juicios yo mismo corto la comunicación que mantenía con mi fuente interior. Pero al sentarme en ese banco puedo optar por disfrutar sencillamente de la naturaleza: percibir cómo el viento me roza y me acaricia suavemente el rostro, sentir cómo el sol me ilumina, escuchar el canto de los grillos y de los pájaros... Entonces me siento protegido. La naturaleza tiene una dimensión maternal. Yo me siento sostenido, amparado y alimentado por la madre naturaleza.

A muchos les resulta saludable instalarse sencilla y tranquilamente en la naturaleza y disfrutar de la vida que pulula a su alrededor. En cambio, para otros hacer una excursión por la naturaleza o ascender una montaña es una ocasión para entrar en contacto con su fuente interior. Se podría pensar que este esfuerzo debería más bien agotarlos, pero lo cierto es que les produce un cansancio saludable que les permite experimentarse a sí mismos. Y en medio de este cansancio olvidan el desgarramiento interior, que es uno de los signos distintivos de una situación de *burnout*. Se experimentan a sí mismos. Y al experimentarse a sí mismos y experimentarse en su cuerpo, saborean el cansancio y se sienten, a pesar de todo, interiormente refrescados. Se ponen en contacto con su fuente interior. Y de pronto se sienten unidos consigo mismos, unidos con la naturaleza que los rodea, unidos con los demás excursionistas y montañeros... Por cierto, una experiencia de este tipo es posible tenerla también trabajando en el jardín.

### *El poder reanimador de la música*

Para mí, también la música constituye una vía apropiada para entrar en contacto con mi fuente interior. Cuando escucho música, puedo olvidarme de cuanto ocurre a mi alrededor: mis preocupaciones y problemas, el trabajo y cualesquiera dudas acerca de si las decisiones que he tomado han sido correctas o no. Me abandono a la música. Siento entonces que la música me introduce en nuevos espacios de mi cuerpo y de mi alma. San Agustín piensa incluso que la música nos introduce en el rincón más íntimo del alma, en el fundamento interior o, para decirlo con el lenguaje de Teresa de Jesús, en la morada más retirada del castillo interior. Ahí resuena la música y hace que también mi alma se alegre. Lo que estaba rígido se ablanda, y el alma vuelva a vibrar. Los bloqueos se disuelven, y todo en mí resuena al unísono: lo alegre y lo lúgubre, lo claro y lo oscuro, lo ruidoso y lo silencioso, lo rápido y lo lento, las disonancias y las consonancias... La música pone de nuevo en movimiento, en estado de vibración, todo cuanto en mí estaba rígido y yerto.

Y todavía es mejor si yo mismo hago o interpreto la música, si toco algún instrumento musical o si canto. Muchos logran olvidar sus preocupaciones interiores tocando el piano o el violonchelo. Se abandonan completamente a la música. De esta manera, el sonido de la música disuelve las costras que se han ido formando en su alma. Esto vale sobre todo para el canto. Muchas personas que cantan en un coro me refieren que, después de participar en los ensayos del coro, vuelven a casa animadas y renovadas. Cantar les ha puesto en contacto con su fuente interior. Y en opinión de san Agustín, esta es también una fuente de alegría y de amor. Dice san Agustín que quien canta, lo hace porque está contento. El término griego *khorós* proviene de *khará*, que significa precisamente «alegría». En nosotros existe una fuente de alegría. Al cantar, esta fuente asciende, por así decirlo, desde el fondo del alma y penetra nuestra conciencia, y de esa manera podemos experimentarla también en la esfera emocional. Esta fuente interior es una fuente de amor. De san Agustín es también la conocida expresión *Cantare amantis est*, que suele traducirse: «Cantar es propio de quien ama», o «A quien ama le gusta cantar». También podría traducirse de este otro modo: «Quien canta entra en contacto con la fuente del amor que fluye en el fondo de su alma». Quien entra cantando en contacto con su fuente de la alegría y del amor podrá también después, en su trabajo, saciar su sed en esa misma fuente.

Algunas personas cantan también mientras trabajan. Suelen hacerlo mientras realizan tareas sencillas, y ello les anima. El canto muestra que para estas el trabajo fluye fácilmente. Están alegres. Conozco a una mujer a la que le gusta cantar mientras realiza trabajos de limpieza. Limpiar no es para ella un trabajo duro y que le produzca desazón porque tal vez le gustaría hacer trabajos de más relieve. Puede abandonarse sin más a ese sencillo quehacer, porque al cantar se mantiene la fluidez de su trabajo. A un maestro pintor le gusta cantar mientras pinta las paredes. También ahí se percibe que está trabajando a gusto. Es creativo en su trabajo. No se le hace pesado. Lo cual no significa que su trabajo sea chapucero. Al contrario: cantar le permite centrarse de lleno en lo que hace.

### *El poder curativo del silencio*

Para otros es el silencio la forma de entrar en contacto con su fuente interior. La palabra alemana *Stille* («silencio»), proviene de *stillen*, o *stehen bleiben*, que significan respectivamente «calmar, apaciguar» y «detenerse, pararse». La madre calma al hijo. Cuando estamos calmados, emergen nuestra sed y nuestra hambre en nosotros. Pero el silencio puede calmar también esta clase de hambre. El silencio es algo que tenemos a nuestra disposición. Nos sumergimos en un espacio de silencio. Una iglesia puede ser un lugar de silencio construido por el hombre. La naturaleza es silenciosa. Cuando nos rodea el silencio, lo experimentamos como algo saludable. Para que podamos disfrutar el silencio que nos envuelve tenemos que volvernos silenciosos nosotros mismos. Lo cual significa que hemos de callar; y callar, a su vez, significa controlar las palabras que salen de nuestros labios, pero también conseguir que callen igualmente nuestros pensamientos.

Son muchas las personas que experimentan como algo saludable el silencio de los labios y de los pensamientos, pues comprenden las conocidas palabras del filósofo danés de la religión Søren Kierkegaard: «El mundo en su estado actual, la vida en general está enferma. Si yo fuera médico y alguien me preguntase: "¿Qué me aconsejas tú?", le respondería: "¡Procura callar!"». Es verdad que, precisamente en el trabajo, a menudo nos vemos obligados a hablar constantemente y a comunicarnos con otras personas, y todo a nuestro alrededor no deja de hablar. El torrente de comunicaciones que recibimos es constante, en forma de correos electrónicos, llamadas de teléfono, mensajes de Twitter y todo tipo de noticias. En este contexto, echamos de menos ciertos espacios de silencio. El filósofo y literato hindú Rabindranath Tagore piensa que muchas veces este exceso de palabras nos contamina. Por así decirlo, necesitamos un baño de silencio para sentirnos interiormente refrescados: «El polvo de las palabras muertas se ha adherido a ti. Baña tu alma en el silencio».

Personalmente, disfruto cuando, en vacaciones, puedo permanecer durante algún tiempo en un bosque en el que no se escucha el menor ruido de motores: no hay cerca ni tractores, ni motosierras, ni aviones que surcan el cielo, ni automóviles o motocicletas. Son instantes de pureza y claridad. Uno puede escuchar las voces del silencio. Y yo constato que eso me hace bien. En el silencio que me rodea, incluso las turbulencias interiores se callan. Entonces me siento libre de toda presión. Soy libre y me siento interiormente renovado, bañado, por así decirlo, en el silencio.

### *La fiesta y la celebración afirman la existencia*

No a todo el mundo le gusta el silencio. Para algunos, una fiesta o una celebración colectiva –con ocasión de un cumpleaños, por ejemplo, o de cualquier otro tipo de aniversario– es un buen modo de entrar en contacto con su fuente interior. La fiesta nos anima interiormente. Nos vincula con otras personas y es expresión del «sí» a nuestra existencia. La fiesta, como dice el filósofo alemán Joseph Pieper, es siempre aceptación de la vida. Renueva nuestras ganas de vivir. Nos muestra que nuestra vida es algo valioso y lleno de sentido. No es de extrañar que en la fiesta los participantes se relacionen unos con otros de diferente manera, de forma festiva. Estamos atentos los unos a los otros. No enjuiciamos. Disfrutamos juntos. Precisamente cuando hemos celebrado una animada fiesta de cumpleaños, nos sentimos como recién nacidos. Hemos sido vistos, saludados, apreciados, amados. Muchos nos han deseado lo mejor, y no solo de palabra, sino en muchos casos de corazón. En este sentido, una fiesta nos renueva. Muchas de las personas que padecen *burnout* piensan que, por lo que a ellas respecta, no deberían exigir demasiado a los invitados a una fiesta. Pero, justamente si yo no me siento bien, debo permitirme celebrar una fiesta con otras personas, olvidarme por un momento de mí mismo y de mis preocupaciones y celebrar con gratitud la fiesta de seguir con vida, de haber alcanzado ya muchas cosas, de tener tantos amigos y de poder echar de nuevo una mirada retrospectiva a mi existencia.

### *El poder curativo del diálogo*

Muchas víctimas del *burnout* se guardan para sí todas estas experiencias y prefieren aislarse. Se avergüenzan de reconocer ante los demás su miseria interior. De ahí que traten de ocultarla. Sin embargo, este esfuerzo, además de doloroso, consume muchas energías. Por eso, estas personas sienten permanentemente la angustia de que los demás conozcan su situación. Quien en tales circunstancias opta por mostrarse inaccesible a los demás no hace sino empeorar las cosas. Y ello porque, en principio, el que yo pueda hablar con un amigo, una amiga, un agente de pastoral o un terapeuta resulta liberador. Puedo, sencillamente, contar cómo me encuentro. Quien me oye se limita a escucharme sin juzgar lo que yo diga. El oyente se informa, se interesa por mí. No se asusta por lo que yo pueda decirle. Para él es algo totalmente normal. Y de este modo también deja de ser algo espantoso para mí. Es una experiencia normal por la que yo estoy pasando ahora, pero que conocen otras muchas personas. Esto debería bastar para no caer en la tentación de reprocharme y autocensurarme por lo que me sucede.

Ya los primeros monjes cristianos ensalzaron el diálogo como importante camino de curación. San Benito recomienda a sus monjes que confíen al abad sus pensamientos y sentimientos más recónditos. Y basa su recomendación en una palabra de la Escritura: «Revela al Señor tu camino y espera en él» (Sal 37,5, citado en *Regla de San Benito* VII, 45). Si hablo con franqueza de mis ideas y sentimientos, el gusanillo interior –dicen también los monjes– pierde su fuerza. Enseguida será expulsado fuera y desaparecerá. Mientras me reserve celosamente lo que pienso sobre mi propio agotamiento, este no hará más que empeorar. Le doy vueltas al asunto, pero no paso de ahí. Gracias al gesto de hablar, el caos interior se ordena y toma una nueva dirección. Reconozco un camino que me permite continuar adelante. Y, sobre todo, me siento interiormente aliviado. No debo seguir malgastando mis energías reprimiéndome de esa manera. He abierto mi corazón y no he sido juzgado. Al contrario, el otro me comprende, me acepta tal como soy, para que también yo deje de seguir condenándome.

# 14

# Cómo el fluir se torna bendición. Valores y relación

La sensación de fluir puede acompañarnos incluso cuando realizamos acciones malas o destructivas. Muchos veteranos de guerra refieren que nunca habían experimentado tal sensación con mayor intensidad que en la guerra. Lo sabemos: existen también la borrachera de poder y la atracción del mal. Csikszentmihalyi advierte encarecidamente que también del fluir puede abusarse. Cuando la publicidad de algunas empresas insiste en la necesidad de comprometerse plenamente en el trabajo, porque de ese modo se puede experimentar el fluir, también ahí se esconde un peligro. «Esto puede hacer que a algunas personas se les exija trabajar con todo empeño, sin preocupación alguna por lo que a ellas mismas se refiere, y siempre con la mirada puesta en el bienestar del conjunto de la empresa, algo que luego puedo cambiar fácilmente en su contrario» (pág. 84).

Por eso debemos tener siempre mucho cuidado con las palabras excesivamente grandilocuentes. Si ensalzamos demasiado la «sensación de fluir», tal vez ganemos para nuestra causa a quienes nos escuchan, pero no de manera definitiva: tarde o temprano, esas personas se van a sentir explotadas. Perciben que únicamente se las utiliza para que asuman todo tipo de riesgos por la empresa, pero sin recibir a cambio la menor muestra de aprecio por su entrega. Se produce una especie de sugestión que contagia a algunas personas y las impulsa tal vez a rendir al máximo. Pero si alguien no logra mantener el necesario equilibrio entre la fascinación por el trabajo y el ámbito de su vida personal, otros se servirán de la «sensación de fluir» para abusar de él. Y tarde o temprano reaccionará a este abuso emocional con el agotamiento total, es decir, con el *burnout*.

Otro posible peligro es que el fluir provoque adicción. Se vuelca uno apasionadamente en el trabajo, y a partir de ahí empieza a fluir. Pero, inmerso como está en el trabajo, se olvida de sí mismo, de su entorno, de su pareja y de la propia familia, apartándose así del camino que le indica su propia verdad. Por eso debemos respetar necesariamente la adecuada moderación y la diversidad de nuestra propia existencia, para no apartarnos de la vida y dejarnos absorber por el trabajo. De ahí que el psicólogo húngaro tantas veces citado nos advierta: «El fluir es una forma de energía, y si no sabes cómo debes utilizarla, puede destruirte a ti y a otros. Pero si sabes cómo puedes servirte de ella, te caldeará a ti, a tus hijos, a toda tu familia y al resto de los seres humanos. ¡Y esto es maravilloso!» (pág. 93).

Para que el fluir se torne bendición debe ir vinculado a ciertos valores. Lo que yo haga debe ser razonable. Y debe responder a aquellos valores que hacen que nuestra acción sea meritoria. Una empresa que abusa del fluir para que sus empleados se hagan adictos al trabajo, lo único que consigue es destruir a las personas. Solo cuando la empresa ama también los valores auténticos, que ya la filosofía griega había considerado normativos para los seres humanos –justicia, valentía, moderación, inteligencia–, el fluir se tornará bendición. De lo contrario –si estos valores han dejado de ser tenidos en cuenta y únicamente se valora el rendimiento–, el fluir se utiliza para explotar a las personas.

Todavía hay otro aspecto importante del fluir que me gustaría subrayar: su dimensión social. Es importante que cuidemos de nosotros mismos, pero comprendiéndonos siempre como seres humanos que vivimos en relación. Según Csikszentmihalyi, el hombre de hoy debería presentar el siguiente perfil: «El hombre nuevo, tal como yo lo veo, es alguien que se comprende como parte de un sistema universal, y no solo como individuo. Estamos vinculados con todo el mundo, y mi ideal de ser humano es una persona discreta y sensible que, a partir de este sentimiento de vinculación, actúa individualmente y se realiza también como tal con toda naturalidad en este contexto. Cada persona es única, pero forma parte de un todo mucho más amplio» (pág. 72).

Aquí se pone de manifiesto la dimensión espiritual de nuestro tema; y aquí se encuentra también el punto de contacto con los valores cristianos. Somos criaturas de Dios y parte de la creación. Somos responsables de la creación, pero también de todos los seres humanos que hoy habitan nuestro planeta, con quienes nos sentimos unidos en lo más profundo. Así lo entendía el autor de la carta a los Hebreos cuando escribe: «El que consagra y los consagrados son del mismo linaje, por lo cual no se avergüenza de llamarlos hermanos» (Hebreos 2,11). En el fondo, todos somos uno. Todos procedemos de Dios. Y también Cristo comparte esta raíz con nosotros. Por eso, en lo más profundo de su ser, nuestra comunidad humana es santa, está consagrada. Y nuestra tarea consiste en proteger lo santo en nosotros mismos y en los demás. Lo santo es lo que se ha sustraído al mundo. Si consideramos que el trabajo y el dinero representan los valores más elevados de una sociedad, traicionamos y, consiguientemente, explotamos la dimensión de lo santo presente en el ser humano. Pero si en cada individuo y en la sociedad humana en su conjunto reconocemos la presencia de lo santo, seremos una bendición para la humanidad. Solo entonces estaremos en condiciones de comprometernos en favor de todos los hombres sin traicionar lo santo que hay en cada uno de nosotros.

Los valores dan alas al fluir. Si estoy convencido de que me comprometo por algo que es valioso y que merece la pena, trabajaré a gusto y me sentiré internamente motivado. Pero los valores, además de darme alas, me vinculan con la profundidad. Son también fuentes de las que puedo beber. Para los latinos, los «valores» son *virtutes*, un término que podríamos traducir también por «fuentes de energía». Los valores son fuentes de energía de las que yo puedo extraer fuerza. Me gustaría explicar esto con un ejemplo. Si las estructuras que determinan el funcionamiento de una empresa son injustas, se producen perdidas por fricción. Los empleados no están contentos, luchan entre sí o se esfuerzan por que se respeten sus derechos. Según Platón, justicia significa que se trata a todos y cada uno con imparcialidad, de acuerdo con lo que merece, con su valor. Si a mí se me trata de acuerdo con mi propio valor, también yo trataré al otro de acuerdo con su mérito o su valor. Lo aprecio con sus valores, lo promuevo. Si yo no soy consciente de mi propio valor, necesaria y constantemente depreciaré a otros. Según algunos psicólogos, el cuarenta por ciento del potencial de una empresa se malgasta como consecuencia de la injusticia de sus estructuras y del escaso aprecio con que son tratados sus trabajadores. Antes de estimular a los trabajadores para que mejoren su rendimiento, habría que empezar corrigiendo este 40 por ciento de pérdidas abordando en serio las causas que las provocan.

Los valores están siempre estrechamente relacionados con el aprecio. Quien vive valores, protege la dignidad del otro y le muestra siempre el aprecio que le merece su persona. Y que el aprecio da alas a los colaboradores es un hecho comprobado desde hace mucho tiempo. Si los otros ven y reconocen mi valor, me siento reforzado y espoleado a hacer algo valioso, algo que merezca la pena.

# Conclusión

Hemos reflexionado sobre las imágenes y las visiones que nos ayudan a librar nuestra vida del anquilosamiento y hacer que fluya. En este camino nos ha acompañado el psicólogo húngaro Mihaly Csikszentmihalyi, el cual, en cualquier caso, nos previene repetidamente contra las exageraciones: no deberíamos hacer del «fluir» una ideología. Para decirlo con el lenguaje de la Biblia: es hermoso cuando nuestra vida fluye, cuando nosotros nos vemos arrastrados por una corriente, cuando todo lo que hacemos brota simplemente de nosotros. Pero tan hermoso como un río que fluye es un lago silencioso y de aguas tranquilas. Nada aquí nos habla de esterilidad ni de paralización infecunda. Nos fascina más bien que las olas movidas por el viento o agitadas por una tempestad se calmen de pronto, y el lago se convierta en una tranquila balsa de aceite. Quietud y movimiento: ambas cosas son importantes en nuestra vida. Por lo que a nuestro trabajo se refiere, es bueno si lo que hacemos sale de dentro de nosotros. Las imágenes que llevamos en nuestro interior –y que podemos activar– representan una importante ayuda a la hora de hacer que la energía fluya en nosotros. Pero con idéntica premura necesitamos contar con fases de silencio. Cuando en nosotros todo está en calma, nos vemos confrontados con nuestra propia verdad.

Del primitivo monacato cristiano se nos ha transmitido una hermosa historia de tres estudiantes que deciden hacerse monjes y que, llevados de su entusiasmo, se proponen realizar una buena obra cada uno. El primero quería hacer que las personas belicosas firmaran la paz; el segundo se propuso visitar a los enfermos; y el tercero se retiró al desierto para vivir en la soledad. ¿Y cuál fue su experiencia? Los dos primeros monjes consiguieron poner en marcha su trabajo, que era plenamente razonable. Pero luego se dieron cuenta de que no podían curar a todas las personas belicosas, ni tampoco visitar o consolar a todos los enfermos. Fue así como, sintiéndose deprimidos, decidieron visitar al tercer monje, que vivía en el desierto. Le contaron sus necesidades. Él los escuchó sin darles consejo alguno, sino que se limitó a verter agua en un recipiente y pedir a ambos que mirasen dentro del mismo. Así lo hicieron, pero el agua seguía estando revuelta, y no lograron ver con claridad nada dentro del recipiente. Finalmente, cuando el agua dejó de moverse, miraron de nuevo dentro y vieron sus propios rostros como en un espejo.

Esta antigua historia tiene también algo que decirnos a los seres humanos de hoy: conocer la propia verdad de uno mismo es tan importante como el fluir de la energía vital. Sin este encuentro con la propia verdad, el fluir –como dice el psicólogo húngaro– se convierte en una huida de la propia verdad. De ahí que siempre necesitemos ambos polos: la quietud y el fluir, el silencio y el diálogo, la oración y el trabajo. El tercer monje disponía de una hermosa imagen del silencio: la imagen del agua tranquila. En este libro hemos repasado en primer lugar las imágenes que nos ayudan a que nuestra vida fluya. Necesitamos imágenes de los dos polos que se forman en nosotros. Ambos están estrechamente relacionados: la imagen del silencio nos pone en contacto con la fuente; y la imagen del fluir hace que el agua de la fuente afluya en nuestro trabajo y en nuestros proyectos de vida.

También hemos fijado nuestra atención en imágenes de otras personas. Sin embargo, cada uno lleva dentro de sí sus propias imágenes, enfermizas y paralizantes en unos casos, pero estimulantes y que facilitan el fluir en otros. No quisiera que las sugerencias que hago en este libro impongan a quienes lo lean imágenes que les resulten extrañas. Simplemente, invito y animo a los lectores a descubrir en su propia alma imágenes capaces de ponerla en contacto con su fuente interior.

Te deseo, querido lector, que entre las imágenes que encuentres para tu trabajo, aparte de las que tal vez puedan ser penosas, no falten tampoco imágenes sencillas, alegres y lúdicas. Csikszentmihalyi ha comprobado que únicamente quien está dispuesto a ver su trabajo en la imagen del juego está en condiciones de alcanzar la fluidez.

Por eso, te deseo también que tus iniciativas y vivencias lleven siempre el sello de la sencillez y la alegría, que tu compromiso con el trabajo y con la vida sea tal que te permita fluir, y que el río de tu vida y de tus acciones sea una bendición para ti mismo y para los demás. Solo si eres libre y no te obsesionas ni siquiera con el sentimiento de fluir, solo si tu vida fluye sencillamente, porque estás en relación con tu trabajo y con las personas para las que trabajas, y solo si estás en contacto con el Espíritu de Dios, que incesantemente renueva tu energía, te convertirás en una bendición para este mundo. ¡Que de ti fluyan abundantes bendiciones que den alas a las personas de tu entorno!

# Señor

haced de mí un instrumento de vuestra paz:
donde haya odio, ponga yo amor,
donde haya ofensa, ponga yo perdón,
donde haya discordia, ponga yo armonía,
donde haya error, ponga yo verdad,
donde haya duda, ponga yo la fe,
donde haya desesperación, ponga yo esperanza,
donde haya tinieblas, ponga yo la luz,
donde haya tristeza, ponga yo alegría;

que no me empeñe tanto
en ser consolado, como en consolar,
en ser comprendido, como en comprender,
en ser amado, como en amar,

porque
dando se recibe,
olvidando se encuentra,
perdonando se es perdonado,
muriendo se resucita a la Vida.

# *Bibliografía*

Rudolf Backofen, *Tao te King,* München 1975. Texto alemán e introducción de la obra de Laotsé. (En español: Lao Zi, *Tao te King: Libro del curso y de la virtud,* Prólogo de F. Julien, trad. del chino de A.-H. Suárez, Siruela, Madrid 2007[4].)

Mihaly Csikszentmihalyi, *Flow: Der Weg zum Glück*, Freiburg 2010. El descubridor del «principio del fluir» explica su filosofía de la vida. (En español: *Aprender a fluir*, Kairós, Barcelona 2010.)

Walter Grundmann, *Das Evangelium nach Matthäus*, Berlin 1968.

Heinrich Quiring, *Heraklit. Worte tönen durch Jahrtausende*, Berlin 1959.

# *Índice general*